Ein Buch aus dem Verlag
die PIRSCH
unsere Jagd

BERND KREWER

SCHALENWILD RICHTIG BEJAGEN

WILDGERECHTE UND ZEITGEMÄẞE METHODEN

blv

Bibliografische Information
Der Deutschen Bibliothek
Die Deutsche Bibliothek verzeichnet diese Publikation in der Deutschen Nationalbibliografie; detaillierte bibliografische Daten sind im Internet über http://dnb.ddb.de abrufbar.

Bildnachweis:
S. Arjes: 45, 59, 66, 107, 125, 137, 140
H. v. Elsbergen: 104
Herbst: 118, 119
D. Heuel: 147, 148 (3), 149, 150, 151, 153, 154 (2), 156
B. Krewer: 61, 103, 106
Dr. Linn-Kustermann: 94
H. Kelle: 105
E. Mark: 71, 104, 113, 146,
W. Nagel: 48, 161
S. Meyer: 64, 81
B. Stöcker: 86
G. Wandel: 32, 34, 38, 40
H. Weidinger: 193 (3), 198, 208

Illustrationen von
Jagdmaler Manfred Fahle: 9, 16, 24, 46, 49, 50, 53, 62, 68, 69, 126, 129, 131, 180

Zeichnungen
G. Wandel: 33, 36, 39, 41
Aus F. C. Keller (1885): »Die Gemse« 90, 102
H. Weidinger: 212

2. Auflage

BLV Verlagsgesellschaft mbH
München Wien Zürich
80797 München

Umschlaggestaltung: Anja Masuch, Puchheim
Umschlagfotos: Erich Marek
Lektorat: Gerhard Seilmeier
Layout und Satz: Karin Krug/E. Billmayr
Herstellung: Hermann Maxant

Druck und Bindung: Ludwig Auer GmbH, Donauwörth

Printed in Germany · 3-405-16636-5

Inhalt

Einleitung

Vom Altersklassenwald zum naturnahen Wald

Der Wald als Heimat aller unserer Schalenwildarten befindet sich in Deutschland in einer durchaus als dramatisch zu nennenden Phase des Umbaues. Aus dem Altersklassenwald, im Regelfalle mit nur einer bis höchstens zwei Baumarten, entsteht der naturnahe Wald, dessen bedeutendste Unterscheidungsmerkmale zum Altersklassenwald die Ungleichartigkeit (also viele Baumarten in bunter Mischung) und die Ungleichaltigkeit auf kleinster Fläche sind.

Kahlflächen als neue Äsungsflächen

Der Altersklassenwald wurde flächig genutzt, wenn er seine Hiebsreife erreicht hatte. Die entstandene Kahlfläche wurde aufgeforstet und bot für mehrere Jahre dem Wild frische und gehaltvolle Äsung. Das Wild war auf diesen Kulturflächen sichtbar und leicht bejagbar.

Naturverjüngung macht sich breit

Das wird sich in den nächsten Jahren und Jahrzehnten erheblich ändern. Kahlschläge mit anschließender Aufforstung wird es nicht mehr geben, die Naturverjüngung unter dem Schirm des Altholzes, hie und da mit künstlicher Beimischung erwünschter Mischbaumarten, gibt dem Schalenwild Deckung und Äsung zugleich. Das Wild wird sich dem Jäger nicht mehr so präsentieren wie auf der einem Kahlschlag folgenden Kulturfläche.

Änderung traditioneller Jagdmethoden

Dies hat zwingend auch eine Änderung traditioneller Jagdformen zur Folge. Die klassische Einzeljagd – Ansitz und Pirsch – wird möglicherweise nicht mehr ausreichen, den notwendigen Abschuß wildgerecht durchzuführen.

Aus diesen Grundgedanken entstand dieses Buch, das dem Jäger bei der Wahl der richtigen Jagdmethoden für seine speziellen jagdlichen Verhältnisse eine Hilfestellung geben soll.

Ich danke den Mitautoren: Dr. Susanne Linn-Kustermann, Peter und Walter Bachmann, Dr. Georg Kovermann, Dr. Peter Lamp, Gerold Wandel und Heinrich Weidinger. Sie haben, jeder aus seinem Blickwinkel und seiner speziellen jagdlicher Anschauung, ihre Meinungen und Erfahrungen hier niedergeschrieben, Überlappungen und Wiederholungen bleiben dabei natürlich bei

dem einen oder anderen Problem nicht aus, sind aber durchaus gewollte Hilfen, weil eben niemals alle speziellen jagdlichen Verhältnisse und Standortprobleme in einem Buch abgedeckt werden können. Verschiedene Betrachtungsweisen derselben Problematik können also durchaus auch verschiedene Wege weisen.
Ebenso danke ich Herrn Manfred Fahle für die Illustrationen und Herrn Ludwig Neeb für wertvolle Tips zur Rehwildbejagung.
Alle unsere heimischen Schalenwildarten sind vom Gesetzgeber in die Obhut der Jäger gegeben worden. Damit haben wir Jäger die Verpflichtung übernommen, sie wildgerecht zu bejagen und dafür zu sorgen, daß sie in sozial richtig strukturierten Populationen leben und überleben können.

Wild sozial richtig strukturiert

Ich wünsche und hoffe, daß dieses Buch mit dazu beitragen möge, die Jagd als Kulturgut zu erhalten, weil sie sich in unserer Zeit eben nicht mehr nur an der Trophäe, sondern an den Bedürfnissen der heimischen Schalenwildarten zu orientieren hat.
Nur wenn dies sich in den Köpfen aller Jäger manifestiert hat, werden auch unsere Kinder und Enkel noch die Chance haben, verantwortungsbewußt, aber auch mit Freude, jagen zu dürfen.

Bernd Krewer

Einzeljagd – Gesellschaftsjagd pro und contra

Die Einzeljagd – Pirsch und Ansitz – ist die klassische Form der Jagd in unseren Schalenwildrevieren schlechthin. *Für* die Einzeljagd spricht fraglos, daß ein wildbiologisch richtig strukturierter Abschuß durchgeführt werden kann, weil das in Ruhe äsende oder ziehende Wild ein verläßliches Ansprechen auf Geschlecht, Altersklasse und möglicherweise soziale Stellung in Rudel oder Rotte ermöglicht. Dies ist in dieser Form dann, wenn das Wild durch Hunde, Treiber oder auch nur durch die Wittrung Jäger beunruhigt ist, nicht mehr in jedem Einzelfall erkennbar.

Verlässliches Ansprechen

Für die Einzeljagd spricht auch, daß der Jäger die gesamte Schußzeit der in seinem Revier heimischen Wildarten ausnutzen kann und sie von dem Jäger, der die Besinnlichkeit eines Ansitzes zu schätzen weiß, eine lange Zeit innerhalb des Jahres ausgeübt werden kann.

Gegen die Einzeljagd sprechen durchaus ernstzunehmende Argumente:

Permanenter Jagddruck

Der permanente Jagddruck während vieler Monate im Jahr durch den oder die ansitzenden oder gar pirschenden Jäger macht das Wild heimlich und auf Dauer weniger »sichtbar«. Dies hängt allerdings entscheidend von der Qualität der jagdlichen Infrastruktur des Revieres ab, auf die noch näher einzugehen sein wird.

Heimliches Wild – höhere Schäden

Dieses »Heimlich-werden« des Wildes geht leider Hand in Hand mit einer Erhöhung der Schäden – vor allem der Schalschäden – in den Einstandsdickungen, weil das Wild kaum noch seinem natürlichen Äsungsrhythmus nachgehen kann. Es traut sich bei Tageslicht einfach nicht mehr auf die Wiese oder Schneise, wenn es dort schon einige Male gekracht und das Wild vielleicht sogar erlebt hat, wie Kitz, Kalb, ein Rehbock oder Hirsch daraufhin zusammengebrochen sind und sich kurz danach der Jäger dem erlegten Wild genähert hat.

Für die Gesellschaftsjagd spricht in erster Linie, daß sich der Jagddruck auf nur wenige Tage beziehungsweise auf nur vergleichsweise kurze Zeit beschränkt.

Dagegen spricht, daß bei jeder denkbaren Form der Gesellschaftsjagd eine selektive Bejagung nach Geschlecht und Alter beziehungsweise sozialer Stellung kaum oder jedenfalls nur sehr eingeschränkt möglich ist. Dagegen spricht auch aus der Sicht sehr vieler Jäger, daß der Abschuß in verhältnismäßig kurzer Zeit durchgeführt wird und eben die vielen Ansitze, die manche Jäger so lieben, nicht mehr notwendig sind (und daher unterbleiben).

Wer kann schon einen flüchtigen Hirsch einigermaßen sicher auf sein Alter ansprechen?

Vielleicht sollte man die Betrachtung dieses Themas gar nicht in pro und contra packen, sondern in »sowohl als auch«.

»Wahl« bei der Einzeljagd, »Zahl« bei der Gesellschaftsjagd

Warum also nicht den Abschuß der Trophäenträger, den unbedingt notwendigen Abschuß an Alttieren, Muffelschafen, Bachen und Ricken auf der Einzeljagd tätigen, um sich dann bei der oder den Gesellschaftsjagden auf die Erlegung von Kälbern, Frischlingen und Kitzen beschränken zu können?

Wildbiologisch sinnvoll wäre solch ein »sowohl als auch« allemal und wir sollten dieses Thema sicher nicht ideologisch befrachten.

Die Gesellschaftsjagd hätte heute wohl auch kaum einen so hohen Diskussionswert, wären da nicht die sich verändernden waldbaulichen Verhältnisse, die mancherorts eine Änderung der Bejagungsweise zwingend erfordern. Ich möchte mit meinen Co-Autoren versuchen, möglichst viele Facetten auszuleuchten. Wir werden sicher keine überall gültigen und anwendbaren Rezepte anbieten können, aber doch eine Auswahl an Möglichkeiten, aus der die meisten Jäger für ihre speziellen jagdlichen Verhältnisse Nutzen und Anwendungsmöglichkeiten ziehen können.

Bernd Krewer

Abschußplanung und Hegegemeinschaften

Abschußplanung für gesamten »Lebensraum«

Die Abschußplanung hat sich stets an der Qualität des Lebensraumes für unsere Schalenwildarten zu orientieren und natürlich auch daran, daß die Belange und Interessen der Forst- und Landwirtschaft berücksichtigt werden.

Bei der aus rein finanziellen Erwägungen der Verpächter sich ständig reduzierenden Größe der Einzelreviere ist eine wildbiologisch richtige Bejagung unserer Schalenwildbestände in diesen Minirevierchen kaum noch möglich. Dem trägt der Gesetzgeber dadurch Rechnung, daß Hegegemeinschaften zu gründen sind. Deren Aufgabe ist es, für einen den land- und forstwirtschaftlichen Verhältnissen angepaßten Wildbestand zu sorgen, indem der vorhandene Wildbestand ermittelt wird und für die Jagdbehörden hieraus resultierende, fundierte Abschußvorschläge erarbeitet werden.

Rehwild-Hegeringe bestehen allenthalben seit langer Zeit, sie sind überall auch die kleinsten regionalen Einheiten der Landesjagdverbände.

Rehwild-Hegeringe

Rehwild klebt an der Scholle, es ist standorttreu wie keine der anderen Schalenwildarten. Seine »Dichte« hängt entscheidend von der Qualität seines Lebensraumes und natürlich von der Intensität der Bejagung ab.

Hochwild-Hegeringe

Rot-, Dam-, Sika- und Muffelwild haben dagegen eine sehr viel weiträumigere Lebensweise und sind daher zwingend auf eine großräumige »Bewirtschaftung« angewiesen (Schwarzwild nimmt hier eine Sonderstellung ein; siehe Seite 20). Diese vier Schalenwildarten leben in mehr oder weniger ausgeprägten sozialen Rudelstrukturen. Dies hat wiederum zur Folge, daß es sich in den Teilen seines Lebensraumes, in denen es sich besonders wohl fühlt, auch massiert und dort die Wilddichte oft erheblich über der liegt, die der Gesetzgeber als Norm angesetzt hat.

Wilddichte – ein mathematischer Wert

Daher kann die gesetzlich festgelegte maximale Wilddichte – beispielsweise beim Rotwild – auf zwei Stücke je 100 Hektar in den Kernrevieren nur ein mathematischer

Wert sein, der eine Bedeutung für das gesamte Rotwildvorkommen hat, niemals aber für das einzelne Revier!

Es muß auch – anders als beim flächig in mehr oder weniger gleichmäßiger Dichte lebenden Rehwild – hingenommen werden, daß die übrigen vier wiederkäuenden Schalenwildarten in den Kernrevieren ihres Lebensraumes forstliche Schäden anrichten, die unter Umständen teure und aufwendige Schutzmaßnahmen erfordern.

Die Forderung, daß auch in den Kernrevieren der weiträumig lebenden Schalenwildarten keine forstlichen Schäden entstehen dürfen, trägt dem Sozialverhalten dieser Wildarten nicht ausreichend Rechnung.

Wildstands-Ermittlung

Aufgabe der Hegegemeinschaften ist es also, für ihr Gebiet möglichst verläßliche Zahlen über den Wildbestand zu bekommen. Da aufgrund der nur optischen Registrierung es bisher überall zu einer teilweise dramatischen Unterschätzung der Wildbestände gekommen ist, soll nun das heiß umstrittene sogenannte »waldbauliche Gutachten« verläßlichere Unterlagen für die Abschußfestsetzung liefern. In einem über die Waldflächen gelegten Raster werden auf den Kulturflächen und den schälgefährdeten Dickungen die durch das Wild entstandenen Schäden aufgenommen und ausgewertet.

Waldbauliches Gutachten

Je nach Ergebnis dieser Auswertung werden die Reviere in verschiedene Kategorien eingestuft:

Waldbauliches Betriebsziel:
- nicht gefährdet
- gefährdet
- erheblich gefährdet

Je nach Ergebnis muß der Abschuß erhöht oder kann in bisheriger Höhe beibehalten werden.

Es würde zu weit führen, auf Defizite bei diesem, in den verschiedenen Bundesländern auch noch recht unterschiedlichen Verfahren einzugehen. Eines gilt jedoch für alle Länder:

Völlig unberücksichtigt bleibt dabei, wie weit der dem Wild theoretisch zur Verfügung stehende Lebensraum überhaupt genutzt werden kann.

Abschußplanung und Hegegemeinschaften

Freizeitaktivitäten

Neben dem Jagddruck, der von Revier zu Revier sicher sehr unterschiedlich stark sein kann, sind es die Freizeitaktivitäten unserer Mitbürger, die dem Wild kaum noch einen artgemäßen Lebensrhythmus ermöglichen. Reiter, Jogger, Spaziergänger, Radfahrer, freilaufende Hunde und vieles mehr sperren das Wild vielerorts vom Hell- bis zum Dunkelwerden in den Dickungen förmlich ein und zwingen das Wild dazu, Schäden zu verursachen, will es überhaupt überleben. Was nutzen der schönste Klee auf der Wildwiese und die Himbeere auf der Kulturfläche, wenn das Wild sie über Tag nicht erreichen kann, weil es sich wegen ständiger Störungen erst in dunkler Nacht dorthin traut.

Angepaßter Wildbestand

So erlauben die durch das waldbauliche Gutachten ermittelten Wildschäden eben doch nur sehr begrenzt eine Aussage darüber, ob der Wildbestand angepaßt oder zu hoch ist. Es geht eben nicht daraus hervor, ob das Wild den ihm theoretisch zur Verfügung stehenden Lebensraum auch tatsächlich ganz oder nur zu einem Teil nutzen kann.

Die Hegegemeinschaften können nur dann wirkungsvoll arbeiten, wenn die verantwortlichen Leute in ihren Vorständen sich vor Ort informieren und bei den aus den waldbaulichen Gutachten abgeleiteten Empfehlungen als Anwälte des Wildes mitreden könnten. Leider wird dies an der mangelnden Zeit der stets nur ehrenamtlich tätigen Vorstandsmitglieder in den meisten Fällen scheitern.

Notwendige Schalenwild-Reduktion

Für alle Schalenwildarten gilt der Grundsatz, daß eine eventuell notwendige Reduktion nur und ausschließlich über das weibliche Wild erfolgen kann und muß.

Am einfachsten haben es die Rehwildhegeringe. Jedes der Mitgliedsreviere hat »seinen« Rehwildbestand und wer in seinem Revier viel Rehwild erlegen möchte, der wird zunächst einmal auch »seinen« Rehwildbestand reduzieren. Natürlich kommt es mit der Zeit auch zu einer Sogwirkung auf die Nachbarreviere, aber wenn sich die

Bejagung – was wildbiologisch sinnvoll wäre – überwiegend auf das weibliche Wild beschränkt, wird es auch mit den Nachbarn keine allzu großen Probleme geben.
Bei den Hegegemeinschaften für Rot-, Dam-, Sika- und Muffelwild sind die Probleme sehr viel größer. Einerseits will und muß man möglichst allen Revieren die Chance eröffnen, bei sich bietender Gelegenheit diese Wildarten auch zu bejagen, andererseits kann es auch passieren, daß durch die Streuung der Freigabe auf viele Reviere der Abschuß insgesamt nicht erfüllt werden kann, weil die wenigen Chancen in den Randrevieren nicht genutzt wurden.

Randreviere

Es hat sich da als recht zweckmäßig erwiesen, zwei Monate vor Ende der Jagdzeit eine Bilanz zu ziehen und – wenn nötig – den Restabschuß neu zu verteilen. Es werden dann auch die Reviere wieder beteiligt, die bereits den ihnen ursprünglich zugeteilten Abschuß erfüllt haben.
Diese Umverteilung sollte sich aber nur auf das weibliche Wild beziehen, nicht auf die Hirsche oder Widder.
Bleiben wir einmal beim Rotwild, das ja im Verhältnis zu den anderen weiträumig lebenden Schalenwildarten immer noch die bedeutendste Rolle in unserem Lande spielt:

Freigabe von Hirschen auf die gesamte Pachtperiode

Für die Hirsche sollte man sich vielleicht eine völlig neue Variante überlegen:
Man sollte die Hirsche nicht auf ein Jahr, sondern für die gesamte Pachtperiode freigeben und es dem Pächter überlassen, wann er diese ihm freigegebenen Hirsche tatsächlich erlegt.
Bei einem Gesamtabschuß von 40 Stücken Rotwild in der Pachtperiode wird ein Hirsch der Klasse I freigeben.
Dieses neue Verfahren würde verhindern, daß sogenannte »Gruppenhirsche« für eine Mehrzahl von Revieren freigeben werden, was in der Vergangenheit immer dazu geführt hat, daß junge Hirsche erlegt wurden, weil: »Schieße ich ihn jetzt nicht, schießt ihn morgen der

Junge Hirsche leben länger

Nachbar«. Niemand schießt dann mehr seinem Nachbarn einen Hirsch weg, sondern jeder schießt »seinen« Hirsch, weil die Freigabe revierbezogen auf die gesamte Dauer der Pachtperiode gilt.
Auch die großzügige Freigabe von Hirschen bei Treibjagden würde wohl macherorts wegfallen, es werden dann ja keine »Gruppenhirsche« mehr erlegt, sondern jeder Abschuß geht zu Lasten des Erlegungsrevieres und zählt auf den Abschuß der Pachtperiode.
Um Steuerungsmöglichkeiten zu haben, wird der Abschuß beim weiblichen Wild und den Hirschkälbern alljährlich neu festgesetzt.
Eine vergleichbare Regelung ließe sich gewiß auch für Dam-, Sika- und Muffelwild und die Freigabe von Hirschen/Widdern finden und praktizieren.
Normaler – das heißt sozial einigermaßen richtig gegliederter – Wildbestand vorausgesetzt, sollte die Abschußplanung in etwa so aussehen:

Abschußplanung Rotwild

Hirsche	10jährig und älter	max.	5 %
Hirsche	vier- bis neunjährig	ca.	10 %
Hirsche	ein- bis dreijährig	ca.	15 %
Hirschkälber		ca.	20 %
Alttiere		ca.	25 %
Schmaltiere		ca.	5 %
Wildkälber		ca.	20 %

In absoluten Zahlen würde dies bei einem Revier mit beispielsweise zehn Stücken Rotwild als Jahresabschuß-Soll und einer Freigabe aller Hirsche für die gesamte Dauer der Jagdperiode (zwölf Jahre) wie folgt aussehen:

Hirsche Klasse I	(für zwölf Jahre):	3
Hirsche Klasse IIb	(für zwölf Jahre):	10
Hirsche Klasse III	(für zwölf Jahre):	22
	Ergeben:	35

Bejagung nach Altersklassen und innerhalb derselben nach qualitativen Merkmalen sind beim Rotwild im Sinne einer wildbiologosch richtigen Jagd unerläßlich.

Jährlich freigegebener Abschuß:

Alttiere		2
Schmaltiere		1
Kälber	(männlich : weiblich 1:1)	4
	Ergeben:	7
	(+ rechn. 3 Hirsche)	

Sollte die Entwicklung des Rotwildbestandes irgendwie »aus dem Ruder« laufen, also ein Gegensteuern durch Hegegemeinschaft und Jagdbehörden erforderlich machen, kann dies problemlos über eine Änderung der jährlichen Abschußfreigabe beim weiblichen Rotwild und den Hirschkälbern erfolgen.

Geschlechterverhältnis der Kälber

Niemand kann während der normalen Jagdzeit ein Hirsch- von einem Wildkalb zuverlässig unterscheiden. So wird letztendlich die Strecke der Kälber ein Spiegelbild der vorhandenen Population sein, aus der diese entstammen. Die Kälber werden im langjährigen Mittel immer im Verhältnis 1:1 gesetzt, da sind sich alle Wild-

biologen absolut einig. Nach den Streckenmeldungen jedoch werden alljährlich überall wesentlich mehr Wild- als Hirschkälber erlegt.
Diese vielen eindeutigen Falschmeldungen – aus welchen Gründen sie auch immer so abgegeben wurden – verzerren das Geschlechterverhältnis im Abschuß und führen langfristig zu völlig falschen Bestands- und Zuwachsschätzungen.
Es wäre möglicherweise sinnvoller, die als erlegt gemeldeten Kälber ohne Rücksicht darauf, ob sie als männlich oder weiblich deklariert wurden, in summa jeweils zur Hälfte als Hirsch- und Wildkälber zu verbuchen.

Dam- und Sikawild

Für die Abschußplanung und Abschußplangestaltung bei Dam- und Sikawild gelten in etwa die Grundsätze wie bei der Bejagung des Rotwildes.
Eine Abschußplanung beim Rehwild sollte – wiederum ein halbwegs sozial richtig gegliederter Bestand vorausgesetzt – in etwa so aussehen:

Rehwild

Böcke zweijährig und älter	15 %
Jährlingsböcke	20 %
Bockkitze	15 %
Ricken	25 %
Schmalrehe	5 %
Rickenkitze	20 %

Ein durchschnittliches jährliches Abschuß-Soll bei einem mittleren Gesamtabschuß von beispielsweise 40 Rehen in einem Revier würde sich folgendermaßen darstellen:

Böcke zweijährig und älter	6
Jährlingsböcke	8
Bockkitze	6
Ricken	10
Schmalrehe	2
Rickenkitze	8

Leider sind aber solche Zahlenbeispiele in allzu vielen Revieren pure Theorie. Es wird aus waldbaulichen Gründen in sehr vielen Revieren, in denen der Waldbesitzer auch das Jagdausübungsrecht in eigener Regie nutzt, auf jedes Reh »Dampf gemacht«, das sich in verantwortbarer Schußentfernung zeigt und das nicht gerade gesetzliche Schonzeit genießt, bis eben der festgesetzte Gesamtabschuß erfüllt ist.

Rehwild ist lernfähig

Aber auch Rehwild ist recht lernfähig, und so wird ein hoher Jagddruck in erster Linie das im Umgang mit den Jägern noch unerfahrene Jungwild treffen. Wenn in einem Revier die Streckenzahlen an Jährlingsböcken und Schmalrehen weit über den oben angeführten Normzahlen liegen und eben weniger mehrjährige Böcke und Ricken erlegt werden, dann ist durchaus der Schluß zulässig, daß in diesem Revier nach den vorstehenden »Grundsätzen« gejagt wird. Dies auch unter Berücksichtigung der Tatsache, daß an langen Sommerabenden sich das Rehwild dem ansitzenden Jäger eher zeigt als an kurzen, nebligen Herbsttagen, wenn die Jagdzeit auf Ricken und Kitze erst beginnt.

Muffelwild

Beim Muffelwild sollte sich der Abschuß wie folgt gliedern:

Widder, sechsjährig und älter	10 %
Widder, zwei- bis fünfjährig	10 %
Jährlingswidder	10 %
Widderlämmer	20 %
Schafe	20 %
Schmalschafe	10 %
Schaflämmer	20 %

Abschüsse einhalten

Da bundesweit – im Verhältnis zu Rot- und Rehwild – nur in wenigen Revieren diese so interessante Wildart seine Fährte zieht, müssen die Muffelwildringe für ihr Gesamtgebiet dafür sorgen, daß die vorgenannten Zahlenprozente ungefähr eingehalten werden.

Aber auch bei dieser Wildart gilt: eine wirkungsvolle Beeinflussung des Gesamtbestandes geht nur über eine entsprechende Gestaltung des Abschusses *beim weiblichen Wild.*

Schwarzwild

Eine Sonderstellung nimmt das Schwarzwild ein, das eben nicht nach Abschußplan bejagt wird. Schwarzwildhegeringe setzen also keine Abschußzahlen fest, sondern haben die Aufgabe, ihre Mitglieder auf eine wildbiologisch sinnvolle Bejagung der Sauen einzuschwören und ein unerträgliches Anwachsen der Bestände (was bei Sauen sehr schnell gehen kann) zu verhindern.

Hegegemeinschaften

Schwarzwildhegeringe lassen sich dort am leichtesten gründen, wo es nur wenig Schwarzwild und folglich auch keine nennenswerten Schäden in der Landwirtschaft gibt. Sind aber auf einmal viele Sauen und erhebliche Schäden an den Feldfrüchten da, dann werden oft genug alle guten Vorsätze über den Haufen geworfen.

Desolate Sozialstruktur

Bei keiner anderen Wildart (ausgenommen vielleicht das Rehwild, das eben auch mancherorten wie Ungeziefer behandelt wird) ist die Sozialstruktur so desolat wie beim Schwarzwild.

Erst werden durch übertriebene Maiskirrungen, die eigentlich Fütterungen sind, bereits die Frischlingsbachen sexuell so stimuliert, daß sie bereits im Alter von sechs oder sieben Monaten rauschen. Alleine dadurch explodieren die Schwarzwildbestände sozusagen über Nacht, und es kommt zu den in vielen Revieren anzutreffenden zur völligen Unzeit gefrischten Frischlingen.

Diese Explosion hat wiederum zur Folge, daß nunmehr ziemlich hemmungslos und ohne jede Rücksicht auf sich bildende soziale Strukturen gejagt wird, um den Wildschaden in den Griff zu bekommen.

Wurzel allen Übels – Mais

Mais ist die Wurzel allen Übels. Würden wir uns von den Maiskirrungen endlich verabschieden, dann würde sich der Zuwachs auch wieder auf das natürliche Maß einpendeln.

Schwarzwildhegegemeinschaften sollten diese Maisexzesse ächten und in ihrem Einflußbereich als Minimum folgende Abschußrichtlinien durchsetzen:

Begriffsbestimmung:
Frischlinge sind Sauen in ihrem ersten Lebensjahr, also immer unter zwölf Monaten alt.
Überläufer sind Sauen im Lebensalter zwischen zwölf und 24 Monaten.

Frischlinge soviel wie möglich

Es sollen so viele Frischlinge erlegt werden, wie man bekommen kann.
Für je drei im Vorjahr erlegte Frischlinge kann im Folgejahr ein Überläufer erlegt werden. Dieser Überläuferabschuß sollte sich auf untermaßige, also schwache Stücke im Alter zwischen zwölf und 24 Monaten beschränken.

Einzeln ziehende Sauen schonen

Einzeln ziehende stärkere Sauen sind immer zu schonen, es sei denn, es handelt sich zweifelsfrei um einen Erntekeiler. Bei einem reifen Keiler, der mindestens fünf Jahre alt sein sollte, muß man immer bei einigermaßen leidlichem Licht die Waffen sehen können (etwa Zigarettenlänge!).

Leitbachen immer tabu!

Die Leitbachen gemischter Rotten sind *immer und überall tabu*. Sie bestimmen, wann alle Bachen ihrer Rotte rauschen und verhindern so das unzeitgemäße Rauschen nachrangiger Bachen in der Rotten-Hierarchie.
Natürlich muß bei hohen Populationsdichten auch in die Zuwachsträger (Bachen) eingegriffen werden. Dies ist in den Monaten November bis Januar durch Herausschießen nachrangiger Bachen aus den gemischten Rotten zu erreichen. Die zur richtigen Zeit gefrischten Frischlinge sind normalerweise dann neun bis zehn Monate alt und haben in der Rotte ein Heimatrecht, das heißt sie werden nicht ausgeschlossen.
Fällt die Leitbache, dann bricht die Rotte auseinander, und es findet kein synchrones Rauschen der Bachen

mehr statt. Neben dem Mais ist also auch die Zerstörung der Rottenstrukturen für das unzeitgemäße Rauschen der Bachen mit allen negativen Folgen für die Gesamtpopulation verantwortlich.

Unzeitgemäßes Rauschen

Im Idealfalle sollte der Abschuß im Gebiet einer Schwarzwildhegegemeinschaft sich wie folgt darstellen:

Erntekeiler	5 %
Bachen	10 %
Überläufer höchstens	25 %
Frischlinge mindestens	60 %

Um dies zu erreichen, wäre eine enorme Steigerung der Disziplin der Jäger notwendig. Hierauf zu hoffen dürfte (leider) pure Utopie sein.
Für alle Hegegemeinschaften unserer weiträumig lebenden Schalenwildarten gilt gleichermaßen:

Abgrenzung der Bewirtschaftungsgebiete

Die Abgrenzung, also die Zahl der zum Hegering gehörenden Reviere, muß alle Wanderbewegungen der jeweiligen Wildart voll abdecken. Es darf nicht sein, daß beispielsweise Reviere zu »rot-, muffel- oder damwildunerwünschten« Revieren gehören, obwohl dort, vielleicht jahreszeitlich bedingt, sich nicht nur einzelne Stücke mehr oder weniger regelmäßig aufhalten.
Da in den »Freigebieten« dieses dort stehende Wild erlegt werden darf (oder sogar muß), kann es passieren, daß dort mehr zerstört wird, als viele Reviere innerhalb der Hegegemeinschaften aufzubauen vermögen.

Hegegemeinschaften müssen Lebensraum abdecken

Hegegemeinschaften müssen also den gesamten Lebensraum abdecken, und es muß möglich sein, Grenzen zu revidieren, wenn sich herausstellen sollte, daß diese den wildbiologischen Notwendigkeiten nicht (mehr) entsprechen.
Auch hier sollte man die (teilweise durch Rechtsverordnungen installierten) Hegegemeinschaften aufwerten und ihnen die Möglichkeiten zu Grenzkorrekturen, wenn beweisbar notwendig, geben.

»Rotwildfreie« Gebiete

Die Pflicht, in den sogenannten »Freigebieten« jedes dort auftauchende Stück der unerwünschten Wildarten erlegen zu müssen, kann fatale Folgen für die Gesamtpopulation der jeweiligen Wildart haben.
Die Wildbiologie beklagt – sicher auch zu Recht – die Gefahr der genetischen Verarmung isolierter Wildtierpopulationen.
Bleiben wir einmal bei der Wildart *Rotwild*:
Die Pflicht zur Erlegung allen vorkommenden Rotwildes in den rotwildunerwünschten Gebieten heißt ja auch, daß dort *alle vorkommenden Hirsche erlegt werden müssen.*
Es gehört zum biologischen Verhaltensschema des Rotwildes, daß einzelne Hirsche sich auf die Reise begeben und in manchmal sehr weit entfernte Gebiete abwandern. So wäre der genetische Austausch gewährleistet, wenn wir Menschen nicht hineinfunken würden.

Genetische Verarmung

Wir wissen um das Problem der genetischen Verarmung und schießen dennoch die Hirsche auf ihren Wanderungen, die genau dies zu verhindern im Sinn haben.
Es wäre eine zwingende Forderung, diesen Wanderhirschen einen ungehinderten Weg zu anderen Rotwildpopulationen zu ermöglichen. Dann brauchten wir uns auch nicht mehr über einen drohenden Genverlust zu beklagen.
Wir haben teure wildbiologische Institute, nutzen deren Erkenntnisse aber leider nicht. Und wenn wir eindeutige Erkenntnisse tatsächlich umsetzen wollen, zwingt uns der Gesetzgeber, sie dennoch zu ignorieren. Es ist schon eine verrückte Welt.

Bernd Krewer

Durchführung des Abschusses

Im vorhergehenden Kapitel »Abschußplanung« ist dargelegt, wie der notwendige Schalenwild-Abschuß nach Geschlechtern und innerhalb derselben nach Altersklassen zu planen ist. Nachdem der naturnahe Waldbau in aller Munde ist, sollten wir uns auch zu einer naturnahen Jagd bekennen, deren Ergebnis sich daran orientieren sollte, wie auch die natürlichen Prädatoren jagen würden, so es sie in unseren Wäldern noch gäbe.

Naturnahe Jagd

Luchs, Adler und Bär sind wohl Überraschungsjäger, sie schlagen das Stück, das – einen kleinen Moment unaufmerksam – für sie erreichbar ist.

Überraschungsjäger

Selektiv jagt wohl in einem gewissen Rahmen nur der *Wolf*. Er ist kein Überraschungsjäger, sondern er reißt das Stück, das er bei der Hetze als erstes erreichen kann. Ein angejagtes Reh dürfte beim Wolf wohl kaum eine Chance haben, noch zu entkommen. Etwas anders dürften seine Erfolgsaussichten beim Rotwild sein: bei dieser Wildart wird er das Stück reißen, das als erstes hinter dem gehetzten Rudel zurückbleibt, weil es nicht mehr mithalten kann. Das wird in den allermeisten Fällen ein schwaches Kalb sein, manchmal aber auch ein überaltertes Tier oder ein sehr alter Hirsch.

Selektives Jagen

Aber auch bei den übrigen Schalenwildarten werden das noch nicht so aufmerksame Jungwild und überalterte Stücke sicher eher dem Wolf oder Luchs zum Opfer fallen als ein mittelaltes Stück, das im Vollbesitz seiner körperlichen Kräfte und Sinne ist.

Wolf und Luchs jagen jung und alt

Daraus sollten wir für unsere *Abschußdurchführung* zwingende Schlüsse ziehen.

Hirsche, Widder und Rehböcke werden wir wohl auch in Zukunft nahezu ausschließlich auf der Einzeljagd bejagen, weil nur sie ein genaues Ansprechen nach Altersklasse und Gütemerkmalen des Kopfschmuckes zuläßt.

Einzeljagd gilt dem männlichen Wild

Aber auch bei dem selektiven Abschuß des männlichen Wildes sollten wir uns daran orientieren, daß eben in der Jugendklasse und in der Reifeklasse abgeschöpft wird und die Mittelklasse weitgehend geschont werden soll.

Hier wäre eine Doublette Kalb plus Tier möglich.

Insbesondere bei den in sozialen Rudelverbänden lebenden Wildarten ist eine richtige Altersstruktur im Abschuß und im verbleibenden Bestand für das Wohlbefinden und damit verbunden die relative Schadensarmut von großer Bedeutung.

Richtige Altersstrukur im Abschuß

Der notwendige Abschuß beim *weiblichen Rehwild* und den Bockkitzen sollte so früh wie möglich – also mit Beginn des Septembers – erfolgen. Dieser Monat liegt noch in einer Phase hoher Aktivität, das heißt, das Rehwild ist noch »sichtbar«. Ab Oktober bis in den Januar hinein hat das Rehwild eine recht inaktive Phase, es bewegt sich wenig, und daher sind Begegnungen mit ihm nicht allzu häufig.

Doubletten – Tripletten

Sehr wirkungsvoll – weil man im Abschuß recht gut voran kommt – sind Doubletten oder Tripletten auf Kitze und die dazu gehörige Ricke. Gewiß, die Kitze bringen noch kein nennenswertes Gewicht auf die Waage. Das sollte uns aber nicht abhalten, jede Chance zur Erfüllung des Abschusses zu nutzen.

Rotwild

Bei der Wildart *Rotwild* bietet sich der August für die notwendige Erlegung von Alttieren an. 25% des Gesamtabschusses bei dieser Wildart sollte in der Klasse der Alttiere erfüllt werden. Im August ist die »Mutter-Kind«-Beziehung noch sehr eng. Nach Erlegung des Kalbes wird das Alttier in den weitaus meisten Fällen zurückkehren und nach seinem Kalb suchen. Diese Chance müssen wir nutzen. Um es ganz klar zu sagen und Mißverständnisse erst gar nicht aufkommen zu lassen: erst das Kalb schießen und dann, wenn sich eine Gelegenheit dazu bietet, das zugehörige Alttier.

Gefleckte Kälber nicht jedermanns Sache

Sicher ist die Erlegung gefleckter Kälber nicht jedermanns Sache und es ist auch alles andere als schön, wenn beim Aufbrechen des Alttieres die Milch über die Finger rinnt. Aber wie sähe eine ebenso wirkungsvolle Alternative aus?

Verwaiste Kälber

Überlassen wir den Abschuß an Alttieren den späteren Gesellschaftsjagden, dann werden mit Sicherheit etliche führende Alttiere erlegt, deren Kälber möglicherweise abgesprengt wurden und dem Schützen ein vermeintlich nichtführendes Tier simuliert haben. Das Kalb braucht aber die Führung seines Alttieres bis zum nächsten Frühjahr, nur seine Mutter sichert ihm den Verbleib im Rudel. Verwaiste Kälber sind kein Ruhmesblatt für die Jägerei und wer schon einmal erlebt hat, wie diese armen Kreaturen erbarmungslos aus dem Rudelverband weggejagt wurden und jeder Versuch eines Anschlusses brutal unterbunden wird, der wird mir zustimmen, daß durch die Erlegung führender Alttiere tatsächlich tierschutzrelevante Tatbestände geschaffen werden.

Alttier-Doubletten mit dem zugehörigen Kalb

Folglich ist es doch sicher besser, die notwendige Zahl an Alttieren im August durch Doubletten mit dem zugehörigen Kalb zu erlegen und dann auf den Gesellschaftsjagden nur noch Kälber freizugeben. Diese sind auch für den weniger Geübten leicht anzusprechen, und wer dies nicht kann, der gehört sowieso nicht auf eine solche Jagd.

Das Leittier ist immer tabu! Sein Kalb sollte, damit diesem erfahrenen Alttier die Leitfunktion erhalten bleibt, ebenfalls geschont werden.

Für diese August-Doubletten spricht auch, daß man in diesem Monat noch häufig Tier und Kalb alleine antrifft und man nicht unbedingt in Rudel hineinschießen muß. Dies ist immer ein Problem, allzu leicht kann es passieren, daß man zwar ein Kalb und ein Alttier erlegt hat, aber beide nicht zusammengehören. Das ist natürlich um diese Jahreszeit eine Katastrophe und darf einfach nicht vorkommen.

Das Leittier eines Kahlwildrudels ist immer ein führendes Alttier und auch stets das *älteste führende Tier* des Rudels.

Verliert dieses Leittier sein Kalb, so verliert es auch die Leittier-Eigenschaft und fällt in der Rudel-Hierarchie zurück.

Leittier und dazugehöriges Kalb bleiben tabu!

Das Leittier hat eigentlich immer große »Führungsqualitäten« und wir sollten dies auch bei der Abschußdurchführung berücksichtigen und respektieren. Im Klartext heißt das, daß das Kalb des Rudel-Leittieres *grundsätzlich nicht geschossen* werden sollte, um die Rudelhierarchie nicht zu zerstören.

Natürlich können wir dem bei einer Drückjagd einzeln ankommenden Kalb nicht ansehen, welche Stellung im Rudel seine Mutter inne hat, aber bei der Einzeljagd können wir das schon erkennen, wenn das Rudel heranzieht.

Wann immer es geht, sollten wir durch die Schonung des Leittier-Kalbes den Sozialaufbau eines Kahlwildrudels nicht zerstören.

Weibliches Rehwild

Beim *Rehwild* ist die Erlegung führender Stücke natürlich auch zu vermeiden. Allerdings lebt Rehwild eben nicht in sozialen Verbänden, und so werden mutterlose Kitze, wenn sie die Milch der Ricke nicht mehr zum Überleben benötigen, keinem solchen sozialen Streß ausgesetzt wie die verwaisten Kälber.

Weibliches Muffelwild

Beim *Muffelwild* ist die Situation wieder eine andere. Muffelwild lebt auch in Rudelverbänden, diese sind jedoch keine fest gefügten, hierarchischen Familienverbände wie beim Rotwild, sondern mehr oder weniger Zufallsergebnisse. Muffelrudel ändern häufig ihre Zusammensetzung. Verwaiste Lämmer werden in diesen lockeren Rudelverbänden durchaus geduldet und erfahren so doch eine gewisse »Führung«. Aber auch bei dieser Wildart sollten die zu erlegenden Schafe im August/September nach ihren Lämmern per Doubletten miterlegt werden, dann kann man sich im Herbst und Winter mit der Freigabe von Lämmern begnügen.

Die Intervalljagd

Wenn wir in die Tabelle der Jagd- und Schonzeiten schauen, werden wir feststellen, daß wir praktisch acht Monate lang auf die abschußplanpflichtigen Schalenwildarten jagen, beziehungsweise jagen dürfen. Nehmen wir noch das Schwarzwild dazu, sind es praktisch zwölf Monate, in denen wir das Wild mehr oder weniger ständig im Streß halten. Wenn wir geringe Sauen im März schießen, wissen die anderen Schalenwildarten, die gerade Schonzeit haben, ja nicht, daß sie gar nicht gemeint sind.

So wurde das Instrument der Intervalljagd »erfunden«, damit wenigstens kurze Jagdpausen das Wild ein wenig zur Ruhe kommen lassen.
In einem Waldrevier mit den Wildarten Rot-, Schwarz- und Rehwild könnte ein Intervalljagdsystem beispielhaft wie folgt aussehen:

Intervall-Jagdsysteme

16. Mai bis 15. Juni:	Jagd auf Rehböcke und Schmalrehe sowie Frischlinge ab 1. Juni auch Schmaltiere
16. Juni bis 19. Juli:	*Jagdruhe*
20. Juli bis 15. Sept.:	Jagd auf Rehböcke und Schmalrehe, ab 1.9. auch Kitze und Ricken ab 1.8. Jagd auf Feisthirsche, Schmaltiere und Kälber plus zugehörige Alttiere Jagd auf Sauen
16. Sept. bis 15. Okt.:	*Jagdruhe* mit Ausnahme der Jagd auf den Brunfthirsch
Ab 16. Okt.:	Jagd auf alle Wildarten bis zur Erfüllung des notwendigen Abschusses.

Jagen bei Vollmond im Feld

Eine »aufgezwungene« Form der Intervalljagd ist die Jagd auf Sauen in den Vollmondphasen *im Feld*. Als Schweißhundführer mit wirklich jahrzehntelanger »einschlägiger« Erfahrung weiß ich, wie viele Jäger in den wildschadensträchtigen Feldervieren drei Tage *vor* bis vier Tage *nach dem Vollmond*, so dieser nicht total wolkenverhangen und daher unsichtbar ist, auf Sauen ansitzen.

Die Mondphasen in den Monaten Juni bis August bringen die weitaus meisten Fehlabschüsse in Form führender Bachen, weil diese häufig alleine kommen (wenn die Frischlinge noch sehr klein sind und »abgelegt« wurden) oder aber im kniehohen Getreide der Jäger die Frischlinge einfach nicht sehen kann. Ab September sind die Getreidefelder meist abgeerntet und kahl, und ab da ist das Ansprechen auch einfacher. Zudem bringen im Februar/März gefrischte Frischlinge um diese Zeit bereits ein verwertbares Gewicht auf die Waage.

Juni bis August Fehlabschüsse

Intervalljagden mit dem Ziel einer Minimierung des Jagddruckes sind also nur im Wald sinnvoll, im Feld bestimmen der Wildschaden und der Mond, wann und wie intensiv gejagt werden muß.

»Wildruhezonen«, in denen die Jagdausübung praktisch ruht, sind eine von vielen Wildbiologen geforderte, in der jagdlichen Praxis jedoch kaum irgendwo verwirklichte Einrichtung.

Wildruhezonen

Unter dem Begriff »Wildruhezone« ist also eine Teil-Revierfläche zu verstehen, auf der dem Sinne nach jede Form der Bejagung »ruht« und das Wild tatsächlich »seine Ruhe hat« und – vom Jagddruck unbeeinflußt – auch noch seinem natürlichen Lebens- und Äsungsrhythmus nachgehen kann beziehungsweise könnte.

In den auf Schrebergartengröße reduzierten Kleinstrevierchen sind sie schon von der Fläche her nicht wirkungsvoll zu realisieren, und in den (wenigen) großen Waldrevieren ist der Druck eines hohen Schalenwildabschusses so groß, daß sie auch hier kaum eingerichtet werden, so gut und sinnvoll sie auch wären.

Eine mögliche Kombination zwischen Bejagungsfläche und Ruhezone könnte sein, daß ein bestimmter Revierteil von jeder Form der Einzeljagd ausgenommen und dort nur eine einzige Treib- beziehungsweise Drückjagd im Jahr stattfindet.

Einzeljagden ausgenommen

In jedem größeren Waldrevier gibt es einen Revierteil, der wegen seiner Steilheit, wegen des ständig küselnden und daher unberechenbaren Windes oder einfach nur wegen seiner Abgelegenheit ohnehin nur wenig oder gar nicht bejagt wird.

Trimmpfade sind keine Ruhezonen

Hier sollte man Nägel mit Köpfen machen und einen solchen Revierteil für die Einzeljagd sperren. Wer allerdings einen Revierteil zur »Ruhezone« erklären möchte, in dem ein Trimmpfad und mehrere Grillplätze liegen, der betreibt Augenwischerei. Das Wild muß in einer solchen »Ruhezone« auch tatsächlich Ruhe haben, und es muß Äsung da sein, die für das Wild zu jeder Tageszeit erreichbar ist, ohne daß die Ruhezone verlassen werden muß. Ein ausgedehntes Meer reiner Fichtendickungen ohne jede Äsungsmöglichkeit ist eine völlig ungeeignete Fläche für die Einrichtung einer Wildruhezone. Eine Nebenform dieser Wildruhezonen sind auch die *Wintergatter* des Rotwildes im Gebirgswald, wenn dort tatsächlich nicht gejagt und die offenen Gatter auch im Sommerhalbjahr dem Wild als Zufluchtstätte zur Verfügung stehen.

Äsungsflächen gut erreichbar fürs Wild

Bernd Krewer

Jagdliche Einrichtungen

Eine neue Waldbauzeit ist angesagt, darauf hat sich die Jagd einzurichten. Mit dem naturnahen Waldbau wird die Kahlschlagwirtschaft aufgegeben, und die Naturverjüngungen erreichen, je nach Bodenfruchtbarkeit und Licht, eine Dynamik, die in wenigen Jahren eine Rehwildbejagung erschweren. Die Jagd wird durch den unübersichtlichen naturnahen Waldbau wesentlich mühsamer, denn die Jagdsichtfläche ist geringer.
Der Jäger soll seine Jagdeinrichtungen behutsam in die Landschaft einbauen, und sie müssen eine effektive Jagdausübung ermöglichen.

Ansitz am Wechsel

Der Ansitz am Wechsel – natürlich mit gutem Wind – ist eine fast vergessene, aber noch ungeheuer reizvolle und durchaus erfolgreiche Form der Ansitzjagd.
Jagdsitzstock oder Jagdstuhl (Dreibein), vielleicht ein Zielstock, mehr brauchen wir an »jagdlicher Möblierung« dafür nicht. Die Höhe einer jeden Jagdeinrichtung ist unerheblich, auch ein hoher Hochsitz verhindert nicht, daß das Wild den Jäger mitbekommt. Der Wind muß immer passen!

Schirm

Die *Ansitzjagd aus dem Schirm* zählt sicherlich zu der schönsten »stillen Jagd«. Der Jäger sitzt im Blickfeld des Wildes, er schaut möglichst vom Dunklen ins Helle – vom Dickungsrand ins Altholz oder vom Waldrand ins Feld.

Kugelfang

Problematisch bei Schirmen ist gelegentlich der fehlende Kugelfang beim Schuß aus dem ebenen Schirm. Ist der Kugelfang in Form von gewachsenem Boden nicht gewährleistet, dann darf aus Sicherheitsgründen dort kein Schirm aufgestellt werden.
Im relativ ebenen Gelände reicht für den Standplatz eine geringe Bodenerhöhung aus, um einen sicheren Schuß abzugeben. Dickungen und dergleichen sind kein »Kugelfang«! Oft zieht das Wild so nahe an den Schirm, daß man bei der Schußabgabe mit montiertem Zielfernrohr auf den Tiefschuß oder gar auf das Unterschießen achten muß.

Der transportable Dreibeinschirm mit den »Andreaskreuzen« als Gewehrauflage

Wie flexibel wir die Jagdstände im Wald einrichten müssen, das zeigen heute schon die zugewachsenen Sturmflächen, die der verheerende Orkan »Wiebke« 1990 in die Bestände gerissen hat.

Transportable Reviereinrichtungen

Der naturnahe Waldbau mit seiner Naturverjüngung zwingt die Jagd zu mehr Anpassungsfähigkeit! Die Reviereinrichtungen für die Jagdausübung sollten *transportabel* sein. Hierfür sind die Ansitzschirme und die Ansitzleitern besonders geeignet – weniger die Hochsitze.

Dreibeinschirm

Der *transportable Dreibeinschirm* wird aus schwachen Fichtenstangen gebaut (siehe Zeichnung). Durch die engen *Andreaskreuze* bekommt der Schirm eine enorme Stabilität und eine ideale Gewehrauflage, die sich dem Jagdgelände und der Körpergröße des Jägers anpaßt.

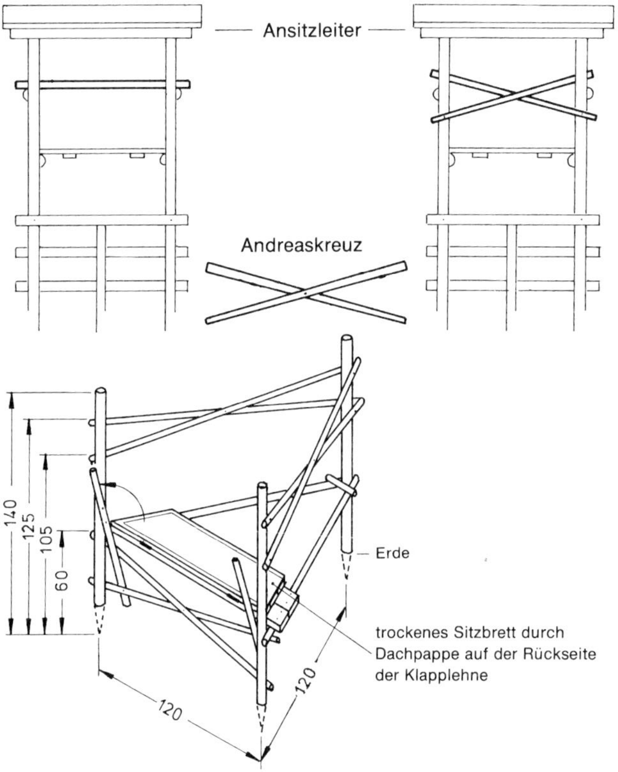

Die horizontale Gewehrauflage ist je nach Gelände und Körpergröße des Jägers oft unzureichend. Mit dem Andreaskreuz ist die Gewehrauflage dem Jagdgelände und der Körpergröße des Jägers angepaßt – und bekommt beim transportablen Ansitzschirm für eine Person eine enorme Stabilität.

Das Andreaskreuz ist als Gewehrauflage, ob Schirm oder Ansitzleiter, immer zu empfehlen (siehe Zeichnung).
Für den stundenlangen Ansitz sollte auch der Schirm grundsätzlich eine bequeme Rückenlehne haben. Beim Einsteigen wird die Klapplehne mit Scharnieren umgelegt. Die aufgenagelte Dachpappe auf der Rückseite sorgt für ein trockenes Sitzbrett. Der Schirm wird am Standort etwa 15 cm eingegraben.

Transportabler Klappschirm

Der leicht transportable Klappschirm wird nach den gleichen Zeichnungsmaßen wie der Dreibeinschirm gebaut. Das starke vordere Bein wird auf der Kreissäge aufgeschnitten und mit festen Scharnieren verschraubt.

In vielen Variationen ist der transportable Klappsitz im Jagdbetrieb einzusetzen – vorausgesetzt der »Kugelfang« ist gewährleistet.

Leicht läßt sich der Klappschirm so transportieren.

Das aufgelegte, eingehangene Sitzbrett wird mit der Rückenlehne an die Seitenstützen angelehnt. Die Seitenstützen sind mit Schrauben und Flügelmuttern verstellbar in die Erde einzulassen.

Besonders dieser Klappschirm, der für eine Person eingerichtet ist, hat sich für die Drückjagd und Ansitzjagd gleichermaßen gut bewährt.

Stationärer Schirm

Beim stationären Schirm werden die fünf Pfosten (am besten imprägnierte Weinbergpfähle) in den Erdboden im Trapezgrundriß eingeschlagen. Der Raum wird dadurch für zwei Personen vergrößert und die Standfestigkeit wesentlich erhöht. In die innen und außen angenagelten Querstangen wird das Reisig zur Verblendung eingesteckt.

Unfallverhütungsvorschriften

Die Unfallverhütungsvorschriften der Landwirtschaftlichen Berufsgenossenschaft sind im Jagdbetrieb unbedingt zu beachten!

UVV 4.4 §5 (1.1.1981)
»(1) Erhöht gebaute Jagdeinrichtungen, ihre Zugänge sowie Stege müssen aus kräftigem Material hergestellt sein. Holz darf nur verwendet werden, sofern es gesund ist. Aufgenagelte Sprossen sind nur an geneigt stehenden Leitern zulässig; sie sind in Einkerbungen einzulassen. Belaghölzer müssen so verlegt und befestigt sein, daß sie gegen Verschieben, Kippen und Kanten gesichert sind.
Durchführungsanweisung
Auf UVV 2.1 *Allgemeine Bestimmungen für bauliche Anlagen und Einrichtungen* wird verwiesen*.
(2) Bauliche Jagdeinrichtungen müssen stets, insbesondere im Frühjahr, überprüft und in einwandfreiem Zustand erhalten werden. Mangelhafte Teile sind unverzüglich auszubessern. Nicht mehr benötigte Einrichtungen sind abzubauen.«

---

*) Anmerkung (d.V.) zu UVV 2.1, z.B.: Die Leiter muß die Auftrittsstelle mit einem der beiden Holme um mindestens 100 cm überragen.

Werden erhöht gebaute Jagdeinrichtungen im Jagdbetrieb verwendet, so müssen die »Unfallverhütungsvorschriften« besonders beachtet werden. Der Unfallschutz hat Priorität!

Ansitzleitern bieten größere Übersicht

Mit den *Ansitzleitern* hat der Jäger natürlich die weitaus größere Übersicht!
Vor allen Dingen lassen sich die Ansitzleitern besonders gut in die Landschaft einbauen und stören lange nicht so wie die Hochsitze.
Mit der guten Winterkleidung, die wir heute haben, ist auch ein langer Winteransitz kein Problem.

Für den Regenschutz sorgt das Dach. Besonders die Überdachung verlängert die Standzeit um Jahrzehnte – genauso die Steine unter den Füßen der Leiterholme und Streben.

Jagenkreuz Im Wald auf dem »Jagenkreuz«, den Schneisen, den breiten Feuerstreifen, an der Kulturfläche usw. ist der Standort in Verbindung mit dem Wildwechsel gut gewählt. Die Ansitzleiter ist dem aufwendigen Hochsitz dann vorzuziehen, wenn die Jagdsichtfläche in wenigen Jahren zuwächst.

Wind Im atlantischen Klima kommt im Jahresdurchschnitt der Wind aus Süd-West, infolgedessen steht der Hochsitz, die Ansitzleiter oder der Schirm diesem Wind gegenüber. Nur im Herbst z.B. zur Rotwildbrunft oder an wenigen Wintertagen kommt der Wind aus Ost. Die Windverhältnisse sind natürlich im kontinentalen Klima völlig anders. Auch am Bach in einem Wiesental kann am Abend der Wind plötzlich umschlagen und mit dem Wasserlauf streichen. Am besten ist der Wind immer vor Ort und vor der Jagd zu prüfen. In der Feldflur können unstete Windverhältnisse herrschen, wenn die Luftströ-

Leitersitz mit Fußboden

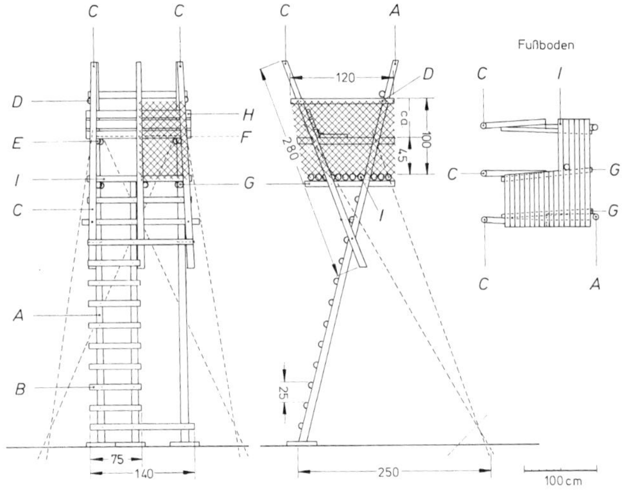

mung in ihrem Fluß gestört wird, z.B. durch Feldgehölze entstehen Turbulenzen – der Jäger sagt der Wind küselt. Für die Feldjagd reicht die Ansitzleiter völlig aus. Sie kann sehr schön in die Hecken und Feldholzinseln eingebaut werden. Die selbstgebauten Holzleitern sind zum Umstellen zu schwer. Leichter sind die portablen Alu-Ansitzleitern aus dem Handel. Wenn die Felder abgeräumt sind können diese Ansitzleitern eingeholt werden (Landschaftsschutz).

Ansitzleiter mit Fußboden

Die *Ansitzleiter mit Fußboden* ist mit vier Meter Sitzbretthöhe ideal für viele Standorte. Aus geschälten Fichtenstangen, die in Fußbodenhöhe etwa armdick sein sollen, wird die Leiter nach der Zeichnung gebaut.
In den Zeichnungen ist die Buchstabenfolge von A - Z etwa die Bauanleitung!
Die Leiter wird von hinten bestiegen, dabei kann man das Wild im Auge behalten und muß sich nicht mit der ganzen Jagdausrüstung oben umdrehen – was gefährlich ist.
Die meisten Jäger sind Rechtsschützen, deshalb hat die Leiter einen linken Auf- und Einstieg und rechts einen halben Fußboden.
Das besondere an der Ansitzleiter ist der eingebaute Fußboden. Der bequeme Stand, der Schuß nach allen Seiten macht die Ansitz- beziehungsweise »Standleiter« auch brauchbar für die Drückjagd – allerdings sollte sie dann kein Dach haben.

Für Drückjagd ohne Dach

Beim Ein- und Ausstieg ist das Sitzbrett, mit zwei Scharnieren an der Rückenlehne befestigt, umzudrehen.
Alles Wild ist besonders vorsichtig am Waldrand, bevor es ins freie Feld zieht! Die Jagd wird hier erschwert und dennoch kann man auf Jagdeinrichtungen an diesem Standort kaum verzichten.
Durch die großen Schläge hat sich die Jagd im Feld völlig verändert, und im Wald wird sich die Jagd dem immer dichteren Unterwuchs anpassen müssen. In den großen Naturverjüngungen, wenn sie nicht horstweise

Besonders gefährliche Jagdstände oder schlecht einzusehende Jagdflächen sollten mit Drückjagd-Hochständen eingerichtet sein. Der Schuß von oben und der Geschoßeinschlag in die Erde sorgen für eine »hohe Sicherheit«.

für den naturnahen Waldbau angelegt sind, ist es heute schon schwer, Rehwild zu erlegen.

In Zukunft werden im viel stärkeren Einsatz verschiedene Jagdmethoden und Jagdeinrichtungen erforderlich sein, um erfolgreich die Schalenwildbestände zu bejagen.

Jagdruhe ab Winter-Sonnenwende

Das Ziel ist: wildgerecht zu jagen, den Jagddruck zu mindern und die Jagdzeit wildbiologisch bis zur Winter-Sonnenwende abzugrenzen. Um dies zu erreichen, können gut geplante und verantwortungsvoll durchgeführte Drückjagden unumgänglich sein.

Drückjagd-Hochstand

Besonders unübersichtliche oder gefährliche Jagdstände sollten mit *Drückjagd-Hochständen* eingerichtet sein.

Der Schuß von oben und der Geschoßeinschlag in die Erde sorgen für eine hohe Sicherheit! Gerade dieser Unfallschutz rechtfertigt ganz allgemein die oft kritisierten Hochsitze in der Landschaft.
Die Jagdsichtfläche wird im Wald an den Naturverjüngungen erweitert, und gerade hier sollte das Reh- und Rotwild erlegt werden.
Steht der Jäger auf dem relativ niedrigen Drückjagd-Hochstand (150 cm), so kann er im Baumholz unter den Ästen durchäugen und sieht das Wild von weitem anwechseln.

Transportabler, klappbarer Hochstand

Der *transportable, klappbare Hochstand* wird aus leichten, geschälten Fichtenstangen gebaut (Zeichnung). Über die Drehpunkte (I und II) kann der Hochstand einfach zusammengeklappt werden. Zum Umstellen und für den Transport können einige Hochstände nebeneinander gestapelt werden.

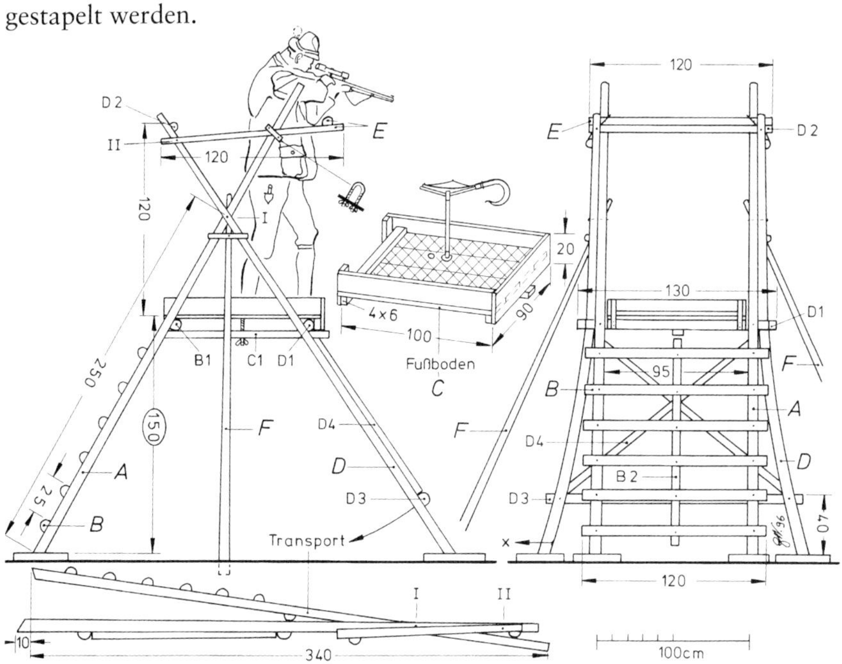

Der zusammenklappbare Drückjagd-Hochstand und der Klappschirm sind einfach ins Revier zu fahren. Beide Reviereinrichtungen können problemlos vom Fahrzeug in den Waldbestand getragen werden.

Hat sich der Jagdstandort bewährt, so können die Steine, auf denen der Hochstand aufgestellt war, für das nächste Jagdjahr am Ort verbleiben.

Fußbodenkiste mit Maschendraht

Die mit den Kanthölzern eingehangene »Fußbodenkiste« (C) wird mit einem Klemmholz (C1), einer Schraube M10 und einer Flügelmutter gesichert. Als Gleitschutz bei regen- und schneenassen Brettern sollte der Fußboden mit Maschendraht benagelt werden.
Die beiden Stützbeine (D) werden so weit wie möglich gegrätscht (x) und mit dem Querholz (D3) vernagelt. Mit den U-Gewindestangen-Schellen ist die Gewehrauflage, je nach Körpergröße und Jagdgelände, in der Höhe verstellbar. Die untergesteckten Seitenstützen (F) geben dem standfesten Hochstand eine zusätzliche Stabilität.

Auch für Ansitzjagd

Mit etwas Reisig verblendet und mit dem Jagdstuhl ausgerüstet, kann man den Hochstand auch für die Ansitzjagd nutzen.

Bei den Gesellschaftsjagden hat immer der Unfallschutz (siehe Seite 35) Vorrang! Disziplin und Verantwortung sind besonders bei dieser Jagd notwendig. Und der Jagdleiter muß sein Handwerk verstehen. Zum Beispiel sollte er keine Flintenlaufgeschoße zulassen – die Unfallgefahr ist zu groß und das Wild zu edel!

Weniger Hochsitze

Je natürlicher der Wald und unnatürlicher das Feld ist – desto weniger offene Hochsitze, Kanzeln, oder geschlossene Hochsitze werden für das gepflegte Jagdrevier benötigt!

Die Landschaftsstruktur mit reichlicher oder fehlender Deckung sollte über Für und Wider beim Hochsitzbau entscheiden.

Hochsitzbau

Beim *Hochsitzbau* ist für die Standfestigkeit die Konstruktion des Gerüstes und seine Statik wichtig. Die Zeichnung zeigt ein Hochsitzgerüst für einen Aufbau mit

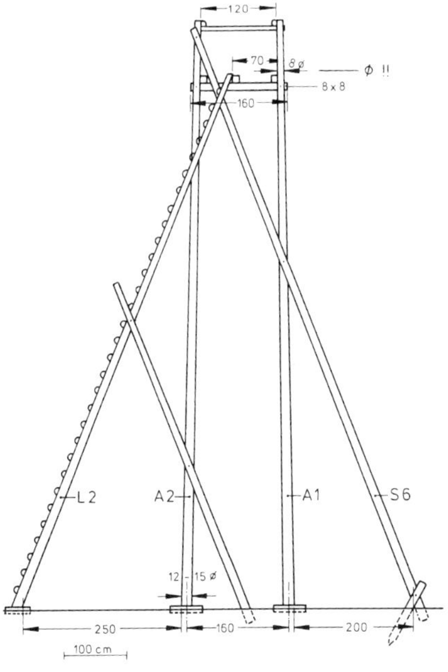

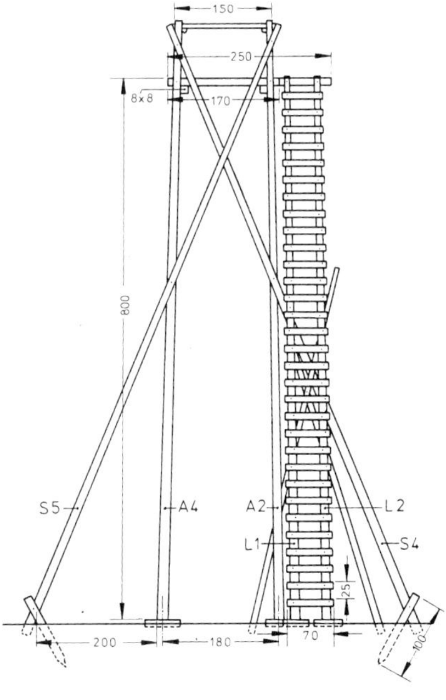

Fenstern und Fußbodenhöhe von acht Metern. Für den standfesten Hochsitzbau braucht man: vier aufrechte Fichtenstangen (A), sieben Streben (S), zwei Leiterholme (L), drei Fußbodenauflagehölzer, zwei Sicherungshölzer (unter die Fußbodenhölzer!) und Schnittholz für die Leitersprossen usw..

Statik Die wichtigste Statik beim Hochsitzbau ist die Verankerung im Erdbereich: der Abstand von den S-Auslegerstreben zu den aufrechten A-Stangen muß ¼ der Fußbodenhöhe betragen! Die sieben Auslegerstreben und die Leiterholme (sie ersetzen die achte Auslegerstrebe) werden zusätzlich mit Heringen (Weinbergspfähle) verpflockt. Bei Sturm arbeiten die Auslegerstreben, die mit durchgehenden, langen Nägeln im Gerüst verbunden sind, auf Druck und Zug.

Der Orkan »Wiebke« hat 1990 landesweit die Hochsitzkonstruktionen »TÜV« geprüft. Tiefeingegrabene Hochsitzpfosten wurden vom Orkan herausgerissen, – weil sie nicht richtig verstrebt waren.

Standort Der *Standort* für den Hochsitz wird durch die Zweckmäßigkeit bestimmt! Mit dem heutigen Waldbau entfallen die Kahlschläge mit weiter Sicht – wo ein Hochsitz vielleicht noch sinnvoll wäre. Nur noch wenige breite Brand-, Strom- oder Gestellschneisen sind vorhanden – auf ihnen ist der Standort richtig, natürlich sind die Wildwechsel und der Wind zu beachten.

Wo eine weite Sicht erhalten bleibt, am Wildacker und an der Wildwiese im Wald, am Waldrand mit Blick ins Feld – hier steht der auffällige Hochsitz in Deckung richtig. Sehen und nicht gesehen werden, das gilt für Jäger und Hochsitz.

Offener Hochsitz Der *offene Hochsitz* wird nur noch selten gebaut. Die freie Sicht nach allen Seiten und gegen den Himmel führt zu mancher Beobachtung, die für die Jagdausübung wichtig ist – z.B. das Wetter. Ohne Dach wird die Ansitzjagd vom Wetter beeinflußt. Das fehlende schützende Dach verkürzt die Standzeit! Vor allen Dingen wird der Fußboden naß und faul. Um den dann zuerst faulen Fußbodenbelag auswechseln zu können, dürfen die Brüstungswände nicht auf dem Fußboden aufsitzen. Wird die Sichtverblendung (Brüstung) aus dem Material des Waldes gebaut, z.B. aus aufgesägten Rundhölzern, so fügt sich besonders der offene Hochsitz gut in die Landschaft ein.

Kanzel

Die *Kanzel* ist der klassische Hochsitz. Ihr Aufbau mit Dach, die Brüstung zur Sichtverblendung und die schmale Lichtverblendung unter dem Dach sind charakteristisch für die Kanzel.

Mit der richtigen Jagdkleidung wird der Ansitz für den Jäger zum Vergnügen. Geschützt vor der Sonnenglut und vor Winternässe, bietet die Kanzel alle Vorzüge für die erfolgreiche Jagd. Besonders in der Rotwildbrunft verhört man die meldenden Hirsche ortsgenau. Im geschlossenen Hochsitz mit offenen Fenstern hört man den Hirsch, kennt aber nicht die Richtung aus der er meldet. Einen »Kanzelhirsch« zu erlegen ist natürlich weniger reizvoll, als einen Brunfthirsch mit dem Hirschruf anzugehen. Auch die Kahlwildbejagung nach der Brunft bis vor Weihnachten läßt sich von der Kanzel aus recht gut erfüllen.

Für die Rehjagd braucht man keine Hochsitze, es genügen die Ansitzleitern.

Geschlossener Hochsitz

Der *geschlossene Hochsitz* ist der stille Wächter im Revier. Durch die großen Fenster und dem kleinen Rückseitenfenster ist der Innenraum verhältnismäßig dunkel und nicht einzusehen. Die Unsicherheit, ob der Hochsitz besetzt ist oder nicht, ist ein indirekter Jagdschutz. Mit den »Jagdschutzläden« wird die abschreckende Wirkung noch verstärkt. Werden die Läden willkürlich offen oder geschlossen gehalten, so wird auch der Insider im Revier unsicher.

Schlechte Sicht und eingeschränktes Hören

Die schlechte Sicht und das eingeschränkte Gehör des Jägers sind zwei wesentliche Nachteile beim geschlossenen Hochsitz.

Der Jäger kann abwägen, ob eine »Schlafkanzel« im Revier notwendig ist. Zur Abwehr der Feldwildschäden könnte ein solcher Hochsitz zweckmäßig am Waldrand stehen. Im Wald sind die Verhältnisse völlig anders. Wer Waldwildschäden vermeiden möchte, der muß die »Nachtjagd« im Wald unterlassen.

Keine Nachtjagd im Wald

Das Wild verhält sich tagaktiv, wenn es nicht durch die Nachtjagd im Waldrevier bedroht wird! Stimmungsvolle Wildbeobachtungen sind bei gutem Tageslicht möglich, und bei ausreichendem Büchsenlicht wird gejagt – welch eine Freude.

Es gibt einige Reviere (auch kleine), die ein gutes Vorbild sind.

Wildgerechte Jagd nicht abhängig von Reviergröße

Der Jäger kann, unabhängig von der Reviergröße, auf hundert Hektar genauso wildgerecht jagen wie auf hundert Meter, vorausgesetzt, er trägt die Last der Verantwortung!

Wie rücksichtsvoll das Wild bejagt – und das Landschaftsbild im Revier mit Einrichtungen gestaltet wird, das liegt in der Hand des Jägers.

Die Jagd darf nicht hemmungslos zur Kulturlosigkeit versinken!

Gerold Wandel

Einzeljagd

Wer viel sitzt, der schießt viel... Wer viel läuft, der sieht viel

Für die Bejagung des Schalenwildes sind es in erster Linie Ansitz und Pirsch, die der Jäger im Regelfalle alleine ausübt.

Die Einzeljagd ist sicher wesentlich besser als ihr derzeitiger Ruf. Wo infolge eines angepaßten Wildbestandes *nicht* nach der Devise *Zahl vor Wahl* gejagt werden muß, ist auf der Einzeljagd ein selektiver Abschuß weitaus besser möglich als auf jeder denkbaren Form der Gesellschaftsjagd. Dies gilt ganz besonders für die Jagd auf Trophäenträger wie Hirsch, Schaufler, Widder oder Rehbock, aber eben auch für eine verantwortbare Entnahme von Ricken mit ihren Kitzen und Alttieren mit ihrem Kalb.

Ansitz ist selektives Jagen

Jagdliche Infrastruktur

Die Einzeljagd ist so gut oder so schlecht wie die jagdliche Infrastruktur eines Revieres ist. Schon bei der Planung von Hochsitzen ist mehr auf die Hauptwindrichtung zu achten als darauf, ob man eventuell den letzten Quadratmeter der zu bejagenden Fläche noch einsehen kann.

Äsungsschneisen und Jagdschneisen sind nicht dasselbe!

Grundsätzlich aber sollten wir unterscheiden zwischen Äsungsflächen beziehungsweise -schneisen und Jagdflächen beziehungsweise -schneisen.

An Äsungsflächen, inmitten verbiß- oder schälgefährdeter Bestände, sollte überhaupt kein Hochsitz stehen!

Der starke, reife Erntehirsch sollte auch künftig der Erlegung auf der Einzeljagd vorbehalten bleiben und nicht Treibjagdobjekt werden.

Ein Schirm leistet oft die gleichen Dienste wie ein teurer Hochsitz.

Starker Jagddruck auf solchen Flächen erhöht die Wildschäden in der Umgebung, weil sich das Wild eben aufgrund schlechter Erfahrungen doch nicht am hellen Tage auf den leckeren Klee traut und lieber Knospen oder Rinde äst. Äsungsflächen mit Nachtkanzeln sind eigentlich ein Etikettenschwindel, der unsere Glaubwürdigkeit doch erheblich strapaziert.

Wildäcker, Wildwiesen oder auch landwirtschaftliche Flächen *weitab schäl- oder verbißgefährdeter Bestände* wollen und sollen wir natürlich bejagen, denn wir müssen ja auch den notwendigen Abschuß tatsächlich erfüllen.

An sehr großen Flächen kann es durchaus sinnvoll sein, zwei Kanzeln, Leiter oder Schirme vorzusehen, damit man sowohl bei West- als auch bei Ostwind erfolgversprechend dort ansitzen kann.

Kanzeln verstecken

Kanzeln sollten sich harmonisch in das Landschaftsbild einfügen und nicht wie Fremdkörper in der Landschaft wirken. Am besten ist es, wir »verstecken« sie in den Trauf des Waldrandes.

Oft tut ein preiswerter *Ansitzschirm* die gleichen Dienste wie eine teurere Leiter oder gar eine geschlossene Kanzel. Zudem haben Schirme den Vorteil, daß man sie ohne Störung des ausgetretenen Wildes leichter verlassen kann als einen hohen Hochsitz, bei dem das Wild den Jäger doch noch als Silhouette gegen den hellen Abendhimmel beim Absteigen auf der Leiter wahrnimmt.

Pirschpfade

Auch die Pirschpfade müssen so angelegt und sauber gehalten sein, daß ein wirklich lautloses An- beziehungsweise Weggehen möglich ist, auch und gerade in der Dämmerung oder Dunkelheit.

Richtiger Wind

Wenn man nach Beziehen eines Hochsitzes festgestellt hat, daß der Wind nicht paßt, dann nichts wie weg. Ein weiterer Ansitz dort hat sowieso keinen Zweck und es ist besser, auf einen anderen Hochsitz/Schirm zu wechseln, als stundenlang die eigene Witterung in den Einstand wehen zu lassen.

Ein noch so hoher Hochsitz wird nicht verhindern, daß bei falschem Wind Rot-, Dam-, Schwarz- oder Muffelwild den Jäger doch wahrnehmen wird. Rehwild ist da nach meinen Erfahrungen nicht ganz so feinnasig

Wenn Stunde, Stand und Stimmung »stimmen«, kann die Blattjagd eine sehr reizvolle Jagdart sein und ist mit Recht für viele Jäger ein Höhepunkt des Jagdjahres.

und äst doch gelegentlich ungeniert im anscheinend vollen Wind des Jägers.

Überfallwinde Zu beachten ist auch, ob es – unabhängig von der Windrichtung, die die Wolken anzeigen – Überfallwinde oder Turbulenzen gibt, die ihre Ursachen in steilen Bestandsrändern oder in der speziellen Geländeformation haben können. Der Rauch der Pfeife zeigt dies dem Jäger deutlich an, und wer zu der bedauernswerten Kategorie der Nichtraucher gehört, dem helfen Seifenblasen, die jeweiligen spezifischen Windverhältnisse zu ergründen.

Solche speziellen Windverhältnisse können noch so sorgfältig geplante Hochsitze manchmal unbenutzbar machen.

Infrastruktur »erarbeiten« Dies alles zeigt, daß der Jäger nicht in den ersten Wochen nach der Pacht seines neuen Revieres die gesamte jagdliche Infrastruktur umkrempeln und erneuern sollte. Er muß sich zuerst über Wechsel und Windverhältnisse klar werden, ehe er sinnvoll planen und bauen kann.

Die jagdstille Zeit – also das Frühjahr – ist wie geschaffen dafür, während der langen Aktivitätsphasen des Wildes dessen Wechsel und Einstände zu erkunden und danach Pirschpfade, Hochsitze und Schirme zu planen und zu bauen.

Suhlen Suhlen, wenn sie sich in einigermaßen »überschaubarem« Gelände befinden, sollten durchaus zur Optimierung des Jagderfolges genutzt und mit einer Kanzel, Leiter oder Schirm »versehen« werden. Schon manchem Feisthirsch und ungezählten Sauen ist ihr Bedürfnis nach Kühlung und/oder der Wunsch, sich der lästigen Parasiten zu entledigen, zum Verhängnis geworden.

Ruheplätze des Wildes respektieren Liegen solche Suhlen inmitten großer Dickungen, so sollte man das Ruhebedürfnis des Wildes respektieren und auf den Bau von Ansitzmöglichkeiten lieber verzichten. Man hätte wohl auch nicht viel davon: wenn man erst die halbe Dickung verstänkern muß, um überhaupt zum Ansitz zu gelangen, wird man auch dort dann wohl kaum viel erleben.

»Er« steht auf's Blatten zu! Die Blattjagd gehört zu den reizvollsten Jagdarten.

Blattjagd

Eine besondere Form der Einzeljagd ist die Blattjagd auf den brunftigen Rehbock und kann natürlich auch von ganz »normalen« Hochsitzen oder Schirmen ausgeübt werden. Es gibt jedoch in jedem Revier »Ecken«, die förmlich nach einem guten, alten Rehbock »riechen«, den man sicher am leichtesten in der Blattzeit bekommen wird. Dies besonders dann, wenn gerade dort weit und breit keine Äsungsfläche, Kultur oder wenigstens ein begrünter Weg vorhanden ist.

Stunde, Stand und Stimmung

Will man die Blattjagd (oder – wie es mancherorts heißt – die »Rufjagd«) erfolgreich ausüben, muß man natürlich das Blatten gut beherrschen, und es müssen die bekannten drei »S« stimmen, nämlich Stunde, Stand und Stimmung. Der völlig brunftnärrische junge Bock soll zwar manchmal auch hinter einem quietschenden Fahrrad herrennen, aber darauf sollte man sich nicht verlassen. Und wir wollen ja auch den alten Rehbock überlisten.

Nachdem man seinen Stand gut und sorgfältig, unter besonderer Berücksichtigung des Windes, ausgewählt hat, wartet man am besten erst einmal fünfzehn bis 30 Minuten, ehe man »zart« anfragt, ob sich ein Bock in Hörweite aufhält. Wer nach den ersten Fieptönen wie eine Furie angehetzt kommt, ist so gut wie niemals ein alter Rehbock, sondern mit hoher Wahrscheinlichkeit ein Jüngling, was immer er auf seinem Haupte tragen mag. Oft kommt der erfahrene, alte Bock nach einer halben Stunde oder länger angebummelt, hier und da äsend, als ob ihn die ganze Sache überhaupt nichts anginge. Geduld ist eine hohe Tugend, und wer sie als Jäger beherrscht, wird bei der Blattjagd auch Erfolg haben.

Blatt-Instrumente

Der Jagd-Fachhandel bietet eine Reihe von Blatt-Instrumenten an, es ist für jeden Geschmack und für jeden Geldbeutel etwas passendes zu haben. Sehr bewährt hat sich der Buttolo-Blatter, der den großen Vorteil hat, daß man ihn einhändig benutzen und ihn – je nach Situation

Hier nützt wahrscheinlich auch keine noch so virtuose Blatt-Arie.

– sogar durch einen einfachen Druck auf die Manteltasche, in der der »Buttolo« steckt, bedienen kann. Durch Zuhalten eines oder zweier Löcher kann man die Tonhöhe modulieren, vom zarten Kitzfiep bis zum Angstschrei der alten Rehdame in Zarah-Leander-Stimmlage.
Neben dem Buttolo gibt es noch eine ganze Reihe sehr guter Instrumente, und wer ein wirklicher Könner ist, dem genügt ein Buchen- oder Faulbaumblatt, mit dem er durchaus auch den ältesten Rehbock zum Zustehen bringen wird.

Jagd mit dem Hirschruf

Die Jagd mit dem Hirschruf auf den Brunfthirsch ist eine ganz besonders reizvolle Form der Einzeljagd, die aber auch ein hohes Maß an Kunstfertigkeit (im Umgang mit dem Hirschruf) und Musikalität (Einfühlungsvermögen in die jeweilige »Stimmungslage« des Hirsches) erfordert.
Die Stimmlage des Hirsches sagt nur sehr wenig über sein Alter und erst recht nichts über seine Stärke aus. Es gibt junge Hirsche mit einem tiefen Baß und ältere Hirsche im »tenoralen« Stimmbereich. Hirsche, die unentwegt schreien, sind selten alt, aber auch da gibt es Ausnahmen, die möglicherweise im individuellen Temperament des einzelnen Hirsches begründet sind.
Eine laute Brunft erleben wir meist dann, wenn mehrere zumindest mittelalte Hirsche auf engerem Raum beziehungsweise in jeweiliger Hörweite brunften und sich gegenseitig »hochschaukeln«.

Der Platzhirsch

Ist der Platzhirsch der einzige wirklich »mannbare« Hirsch weit und breit und hat er als Beihirsche lediglich ein paar Spießer und Sechserchen, die keine wirkliche Konkurrenz darstellen, so wird er im Regelfalle auch recht sparsam schreien.
Den beim Rudel stehenden Platzhirsch durch noch so gekonntes Schreien auf der Muschel oder einem sonstigen Instrument weglocken zu wollen, wird in den allermeisten Fällen vergebene Liebesmüh sein. Wenn überhaupt,

dann gelingt dies mit einem sehr aggressiv modulierten Schreien, verbunden mit entsprechend »lautstarker« Bearbeitung von Bäumchen und Sträuchern mit einem Knüppel oder Stock.

Der suchende Hirsch

Den suchenden Hirsch zum Zustehen zu bewegen ist schon sehr viel leichter. Bei einem solchen Hirsch wird man mit einem faulen Knören und ab und an einem kurzen Sprengruf, den der Platzhirsch beim Treiben eines brunftigen Tieres ausstoßen würde, mit hoher Wahrscheinlichkeit erfolgreich sein.

Der Beihirsch

Die Gefahr jeder Verwendung eines Hirschrufes besteht darin, daß man sich die unbefriedigten Beihirsche heranholt und diese dem rufenden Jäger dann möglicherweise zu nahe auf den Pelz rücken. Kommt ein solcher Jüngling dem Jäger zu nahe und prasselt er hochflüchtig weg, weil er in dessen vollen Wind gekommen ist, so hilft oft ein gewaltiger Sprengruf – sozusagen auf die Keulen des wegflüchtenden Jünglings – um den Platzhirsch und vor allem sein Rudel nicht mißtrauisch werden zu lassen.

Der Gebrauch des Hirschrufes ist eine hohe Kunst, die nur wenige Jäger wirklich beherrschen. Neben fleißigem Üben muß man viele Hirschbrunften erlebt haben, um erfolgreich mit dem Hirschruf arbeiten zu können.

Ich habe im Zusammenhang mit dem Gebrauch des Hirschrufes mehrfach von der »Muschel« gesprochen.

Tritonmuschel oder Gießkanne

Gemeint ist die *Tritonmuschel,* die wohl von allen instrumentalen Möglichkeiten im Klang und der Modulierfähigkeit der »echten« Hirschstimme am nächsten kommt. Sie ist allerdings recht unhandlich und klappert unangenehm laut, wenn man mit ihr an irgendetwas Hartes stößt. Zudem ist sie leicht zerbrechlich.

Wohl dem, der noch eine solche Tritonmuschel besitzt. Mittlerweile unterliegt das Gehäuse der Tritonschnecke dem Handelsverbot wegen Ausrottungsgefahr und ist wohl nur noch mit CITES-Bescheinigung und Genehmigung einer anerkannten wissenschaftlichen Institution zu bekommen.

Der Eifelruf

Der Eifelruf ist überall im Handel zu bekommen, kann aber im Klang nicht mit der Muschel konkurrieren. Er ist ebenfalls nicht gerade handlich, aber weitaus unempfindlicher als die Tritonmuschel. Meist hat er zur Verstärkung eine Membrane.

Heracleumrohr u.a.

Manche Jäger schwören auf ein trockenes Stück Heracleumrohr oder auf einen einfachen Glaszylinder oder auf eine getrocknete Hirsch-Drossel.

Es ist mit dem Hirschruf wie mit der Geige: wer gut Geige spielen kann, der muß nicht unbedingt eine Stradivari haben und wer nicht spielen kann, dem nutzt auch ein solches Meisterinstrument wenig.

Stört ein Ansitz bei gutem Wind auf einem Hochsitz oder in einem Schirm, der ein vom Wild unbemerktes Angehen und Abbaumen ermöglicht, fast nicht, so ist das Pirschen schon sehr viel problematischer.

Nichts verunsichert das Wild so sehr und macht es heimlicher als der in jeder heimlichen Ecke herumschleichende Jäger und seine noch Stunden dort stehende Wittrung!

Ein Anblick, den nur die Einzeljagd ermöglicht. So ist Alter und Stärke jedenfalls sicherer anzusprechen, als beim flüchtigen Hirsch.

Krone jagdlichen Könnens Die gekonnte Pirsch galt einmal als die Krone jagdlichen Könnens. Die Zeiten, in denen man sich das Pirschen noch leisten konnte, sind lange vorbei. Damals waren die Reviere noch nahezu unendlich weit und der Jäger fast der einzige Mensch im Wald. In unseren heutigen, auf Schrebergartengröße geschrumpften Revierchen verbietet sich für den verantwortungsbewußten Jäger das ziel- und planlose Pirschen von selbst. Hinzu kommt noch die wildschadensträchtige Wirkung des Pirschens – besonders am Abend –, die Gründe dafür hatte ich schon dargelegt.

Alte Jägerweisheit Also: ein mehr oder weniger planloses Herumpirschen ist keine zu empfehlende Jagdmethode, und die alte Jägerweisheit »wer viel läuft, der sieht viel (aber eben nur flüchtig spitz von hinten), wer viel sitzt, der schießt viel« hat gerade heute noch ihre Gültigkeit.

Eine (seltene!) Pirsch am Morgen ist für die Auswirkung auf etwaige Schälschäden weniger problematisch. Das Wild ist nach der langen Nacht mehr oder weniger satt, es wird halt nur etwas früher in die Dickung »geschickt«, als das Wild es selbst eigentlich vorhatte.

In der Brunft des Rotwildes kommt man jedoch bisweilen um ein Anpirschen des schreienden Hirsches nicht herum. Daß dies nur unter Berücksichtigung des Windes und mit äußerster Vorsicht geschehen darf, versteht sich von selbst.

Pirsch-Ausnahmen Auch ein Pirschen am frühen Morgen entlang der Wald/Feld-Grenze auf einwechselnde Sauen, die sich an den Feldfrüchten gelabt haben, ist mitunter sinnvoll.

Maßvoll und bei gutem Wind betrieben kann diese Jagdmethode recht erfolgreich sein.

Wenn schon Pirschen, dann sollte das mehr ein Stehend-Pirschen sein als ein olympiaverdächtiges Herumrennen.

Pirsch-Begleiter Ein gehorsamer, jagderfahrener Jagdgebrauchshund kann bei der Pirsch eine unschätzbare Hilfe sein. Da wir immer gegen den Wind pirschen, wird er das vor uns stehende oder ziehende Wild durch sein Verhalten recht-

zeitig anzeigen. Wir sollten neben der Umgebung also auch auf unseren vierläufigen Begleiter und sein Benehmen achten.
Ein nervöser, womöglich bei Wildwitterung laut miefender Hund wird uns allerdings keine Hilfe sein, sondern den Erfolg jeder Pirsch vereiteln.
Meine derzeitige »ständige« Begleiterin, eine schon betagte Hannoversche Schweißhündin, legt sich selbstständig ab, wenn sie vor uns stehendes Rotwild in die Nase bekommt. Da sie mich schon seit vielen Jahren ohne Halsung und Leine begleitet, ist es mir schon passiert, daß ich das eigenständige Ablegen gar nicht bemerkte und den Weg zurück nehmen mußte, was ich eigentlich gar nicht vorgehabt hatte.

Pirschpfad

Zur Pirsch gehört zwingend der Pirschpfad. Die Anlage von Pirschpfaden setzt – ebenso wie der punktgenau richtige Bau von Ansitzeinrichtungen – intime Revierkenntnisse voraus.
Die Anlage eines Pirschpfades vom normalen Abstellplatz des Autos zum Hochsitz oder Schirm ist da noch am einfachsten. Oberste Prämisse auch hier: das womöglich bereits ausgetretene Wild darf vom An- oder Abwechseln des Jägers nichts mitbekommen.

Sauberhalten der Pfade

Das bedingt, daß die Pirschpfade immer relativ sauber und frei von Ästen und trockenem Laub sein müssen. In Nadelholzbeständen ist das Sauberhalten noch am einfachsten. Zweimalige Grundreinigung im Jahr reichen in der Regel aus, um die Pfade begangbar zu halten. Gehen solche Pfade durch Nadelholzdickungen, so ist bei der Neuanlage darauf zu achten, daß der Pfad ausreichend hoch aufgeastet ist. Bei längerer sommerlicher Trockenheit krümmen sich die Trockenäste halbkreisförmig nach unten und können dann dem Jäger bei noch schwachen Lichtverhältnissen erhebliche Probleme bereiten, wobei das Abstreifen des Hutes noch eine vergleichsweise kleine Behinderung darstellt. Ich habe es auch schon erlebt, daß sich ein Jäger einen Ast

Trockenäste können gefährlich werden

ins Auge gestoßen hat und statt zum Ansitz zum Augenarzt mußte.

Diese Probleme gibt es bei Pirschpfaden durch Laubholzbestände nicht, allerdings sind hier sehr viel häufigere Reinigungen notwendig. Die erste ist zu Beginn der Jagdzeit fällig, die zweite im Hochsommer beziehungsweise vor Beginn der Hirschbrunft und die dritte in jeden Falle nach dem Laubfall.

Markieren des Pfades

Es empfiehlt sich eigentlich immer, den Verlauf des Pfades mit Farbspray oder auch hellen Birken-Knüppeln zu markieren, beide müssen allerdings in gewissen Zeiträumen erneuert beziehungsweise aufgefrischt werden. Es ist schon von Vorteil, wenn man einen Gast nicht bis zur Leiter des Hochsitzes bringen muß, sondern nur bis zum Beginn des Pirschpfades und man sich darauf verlassen kann, daß er nicht in die Irre läuft, sondern den zugedachten Ansitz mit Sicherheit findet.

Man sollte den Anfang eines Pirschpfades an einem festen Weg, den auch Spaziergänger häufig benutzen, nicht unbedingt einladend gestalten, sondern eher versteckt anlegen.

Der eigentliche Pfad sollte jedoch dann so breit sein, daß man bequem darauf gehen kann und nicht eine Art Seiltanz vollführen muß, um nicht vom Pfad abzukommen und dann automatisch einen entsprechenden Krach zu verursachen.

Bei sehr langen Äsungsflächen kann es sinnvoll sein, auf der Ostseite einen Pirschpfad anzulegen, von dem aus man etwa alle hundert Meter aus einem einfachen Schirm die Fläche einsehen kann. Wenn der Bock oder Hirsch auf dreihundert Gänge oder gar weiter entfernt austritt, kann man sich bei gutem Wind – sofern es sich bei dieser Anlage um Westwind handelt – auf vernünftige Schußentfernung anpirschen und einen verantwortbaren Schuß antragen.

Die Anlage von Pirschpfaden ist recht aufwendig, und die Unterhaltung ist es auch. So wird man sich im

Normalfall auf das Notwendige beschränken, und das kommt dann auch wieder der Ruhe im Revier zugute. Ein dichtes Netz von Pfaden verführt gewiß dazu, häufige Stellungswechsel von einem Hochsitz zum anderen vorzunehmen. Dies wird das Wild automatisch mitbekommen und mit größerer Heimlichkeit und möglicherweise vermehrten Schälschäden »danken«.

Pirsch-Kleidung

Die Kleidung spielt gerade bei der Pirsch eine erhebliche, Erfolg oder auch Mißerfolg stark beeinflussende Rolle. Der Loden unserer Väter ist heute mehr oder weniger durch die aus Faserpelz hergestellten »jagdlichen« Kleidungsstücke ersetzt worden. Beide haben den unschätzbaren Vorteil, absolut lautlos zu sein und das Wild nicht durch lautes Rauschen oder andere kleidungsbedingte Geräusche vorzuwarnen. Bei windstillem, »hörigem« Wetter ist rauschfreie beziehungsweise lautlose Kleidung ein Muß, will man erfolgversprechend pirschen. Bei Regenwetter, möglicherweise noch mit starkem Wind, kann es durchaus auch eine Wachsjacke sein. Letztere rauscht zwar bei jeder Bewegung der Arme beträchtlich, doch dies wird das Wild infolge der wetterbedingten Geräuschkulisse kaum vernehmen können.

Das Grün der klassischen Lodenbekleidung ist durch andere Farben, wie z.B. braun, ergänzt worden. Wenn auch die Sehkraft unserer Schalenwildarten in bezug auf das Sehen und Erkennen von Farben eher unterentwickelt ist, gedeckt sollten die Farben der Kleidung des pirschenden oder auch auf einer offenen Leiter ansitzenden Jägers schon sein.

Bernd Krewer

Gesellschaftsjagden

Die Ansitzjagd Ob eine »Ansitzjagd« begrifflich zur Einzeljagd oder zur Gesellschaftsjagd gehört, hängt davon ab, wie viele Jäger teilnehmen und ob es ein für den Jagderfolg entscheidendes Zusammenwirken der Jäger gibt oder nicht.

Großflächige Ansitzjagden, bei denen alle Hochsitze und Jagdschirme eines Revieres besetzt sind, fallen dabei gewiß unter den Begriff »Gesellschaftsjagd«. Das ganze Revier wird dabei durch die Wittrung der ansitzenden Jäger flächig so verstänkert, daß mehr oder weniger alles Wild auf die Läufe kommt – die dickfelligen Sauen, die sich in ihren Schwarzdorn-Ginster-Verhauen doch sehr sicher fühlen und sich dort eben nicht so leicht »herausstänkern« lassen, einmal ausgenommen.

Ohne Treiber – ohne Hunde Eine solche Ansitzjagd ist eine Nebenform der *Bewegungsjagd*, ohne Treiber und ohne Hunde, ausgelöst nur durch den »Duft« vieler ansitzender Jäger.

Das Wild ist zwar leicht beunruhigt, kommt aber niemals kopflos angestürmt und kann in den allermeisten Fällen gut angesprochen und auch sauber erlegt werden. Ist das Wetter aber für Wild und Jäger auch noch passend, so kann der Jagderfolg sowohl nach Quantität als auch nach Qualität der Strecke sehr gut sein.

Mit wenigen »durchgehenden« Treibern Mancherorts wird bei solchen großflächigen Ansitzjagden auch durch ein paar durchgehende Treiber »nachgeholfen«. Das kann sehr wirkungsvoll sein und hängt entscheidend davon ab, wie gut diese »Treiber« ihr Handwerk verstehen.

Das Wild darf nicht den Eindruck bekommen, »getrieben« oder »gedrückt« zu werden, und daher sollten keine Hunde oder wenn schon, dann nur kurzläufige Teckel oder sehr kurzjagende Hunde die Treiber begleiten. Es darf nicht zu größeren Hetzaktionen kommen, von den Hochsitzen aus kann kaum ein Jäger durch die schmalen Schießluken auf hochflüchtiges Wild sauber ansprechen und auch noch ebenso sauber schießen.

Bernd Krewer

Jagen mit Treibern ohne Hunde

So wie die Drückjagd auf gekreistes Wild im Regelfalle den Sauen gilt, so lassen sich nur wenige Wildarten nur mit einigen wenigen hüstelnden Treibern auf die Läufe und vor die Büchsenläufe bringen.

Bei obigem Bild sieht man förmlich vor lauter Bäume den Wald nicht mehr. Dennoch sollte es dem Schützen gelingen – wenn das Rudel an ihm vorbeiflüchtet – ein Kalb oder einen geringen Spießer herauszuschießen.

Wer seinen Abschuß beim Muffelwild im Rahmen einer Bewegungsjagd mit einigen im Ansprechen erfahrenen und im Schießen geübten Jägern erfüllen will, der sollte auf den Einsatz von Hunden verzichten! Ich hatte schon erwähnt, daß Muffelwild geradezu hysterisch auf jagende Hunde reagiert. Aus einem vorbeirasenden Muffelrudel, hinter dem die Hunde – womöglich noch hochläufige und schnelle – jagen, kann niemand ein Lamm oder Schmalschaf herausschießen, zumal das Rudel sich umso dichter zusammenschließt, je größer die Panik ist. Dies ist überhaupt das Problem beim Muffelwild und auch beim Damwild, auch noch beim Sikawild.

Keine Paketschüsse auf eng zusammengerudeltes Wild

Je heftiger und intensiver die Störung ist, umso enger schließt sich das Rudel zusammen und da Paketschüsse (Schüsse in den vollen Pulk hinein) unverantwortlich sind, passieren diese Rudel bei verantwortungsvollen Jägern in der Regel die Schützenlinie unbeschadet.

Das ist nun aber auch nicht Sinn der Sache, der notwendige Abschuß muß ja auch erfüllt werden.

Muffelwild und Damwild sind Wildarten, die ihre Sicherheit mehr als die anderen Schalenwildarten dem Auge anvertrauen. Sie bevorzugen daher lichte, offene parkähnliche Waldungen und fühlen sich in dichten Dickungen, in denen sie nicht weit äugen können, unwohl.

Wetter und Jahreszeit

So kann es durchaus sinnvoll sein, an einem sonnigen Spätherbst- oder Wintertag zur Erfüllung des noch ausstehenden Abschusses sonnige, unter Wind liegende Laubholzbestände durchzudrücken.

Jeder Jagdleiter kennt die bevorzugten Wechsel, die das angerührte Wild umso zuverlässiger annimmt, je weniger beunruhigt es sich fühlt.

Windrichtung

Die Windrichtung ist natürlich zu beachten, so gut diese Wildarten auch äugen, die Qualität des Auges geht keineswegs zu Lasten des Riechvermögens.

Nach meiner ganz persönlichen Erfahrung ist das Muffelwild nicht nur ein exzellenter Bewegungsseher, es kann auch Umrisse absolut ruhig stehender Menschen erkennen und seine Schlüsse daraus ziehen.

Stilles Verhalten am Stand

Absolut stilles Verharren des Jägers auf seinem Stand, der ja bei solchen Unternehmungen zwangsweise im lichten Wald sich befindet, ist mehr als bei allen anderen Wildarten zwingend notwendig für den Erfolg.

Sehr weiträumiges Abstellen, damit das Wild auch im »Vorfeld« wirklich gar nichts von der geplanten Unternehmung mitbekommt, ist eine ebenso wichtige Notwendigkeit.

Sind die allesamt im Ansprechen und im sicheren Schießen erfahrenen und erprobten Jäger lautlos auf ihre

Treiben mit dem Wind

Stände gebracht worden, so gehen einige wenige Treiber – als Pilzsucher »getarnt« – mit dem Wind und somit in Richtung auf die ein oder zwei Kilometer weiter stehenden Jäger zu.

Auch hier werden das Muffel- oder auch das Damwild zunächst in dichtem Pulk flüchten, wenn sie die »Pilzsucher« wahrgenommen haben. Wenn aber auf den

Ein geltes Altschaf sicher anzusprechen und zu erlegen wird nur auf der Einzeljagd möglich sein. Da muß man schon sehr genau zwischen die Hinterläufe schauen können.

ersten paar hundert Metern nichts »passiert«, werden sie sich rasch wieder beruhigen und relativ vertraut weiterziehen, zumal sie ja noch das gelegentliche Anschlagen der Treiberstöcke an Bäume oder mal einen lauten Ruf, wenn sich die Treiber untereinander verständigen wollen, vernehmen.

Sie werden dann – wenn alles gut geklappt hat und sie von den vorstehenden Jägern keinen Wind bekommen haben – ruhig und in lockerer Formation, die ein sauberes Herausschießen eines Lammes, Schmalschafes oder auch eines Widders erlaubt, die Linie der vorstehenden Jäger passieren.

Viele ältere Jäger haben es noch erlebt, daß so etwas auch bei Rot- und Schwarzwild funktionierte. Lockere, bereits durchhauene Dickungen vorausgesetzt, mag das auch heute noch hie und da gelingen.

Wo so eine Jagd nicht klappt

In dichten, noch nicht geläuterten forstlichen Dickungen und erst recht in überdichten Schwarzdorn-Ginster-Brombeerverhauen wird es jedoch kaum gelingen, nur durch Husten und Schlagen an die Bäume das darin stehende Wild zum Verlassen zu bewegen, wenn es denn überhaupt eine Möglichkeit für die Treiber gibt, dort

Hier kann man nur »abwarten und Tee trinken«. Das Lamm (linkes Stück) müßte sich vom Schaf lösen und breit stehen, dann könnte es klappen... Auch der linke der beiden Widder könnte reif sein.

hindurchzu»gehen«. Hier wird es ohne Hunde nicht gehen, – und dies gilt insbesondere für das bisweilen sehr sture und »hartleibige« Schwarzwild. Dies mag sicher auch daran liegen, daß durch sehr viele, zur Regulierung der überhöhten Schwarzwildbestände zwingend notwendige Bewegungsjagden mit Treibern und Hunden die Sauen so »verdorben« und »hartschlägig« geworden sind, daß man sie so einfach aus ihren guten Stuben nicht mehr hinauswerfen kann.

Für das Muffelwild, unter Umständen auch für das Dam- und Sikawild, kann – entsprechende Revierverhältnisse und erfahrene Jäger vorausgesetzt – diese Form der Bewegungsjagd sehr erfolgreich sein.

Bernd Krewer

Jagen auf gekreistes Wild

Die Zeiten, in denen man Winter mit lange anhaltenden Schneeperioden assoziieren konnte, sind – aus welchen Gründen auch immer – vorbei. Milde, schneearme Winter sind die Regel, längere Frost- und Schneeperioden zumindest hier im Westen unseres Vaterlandes, die seltene Ausnahme.

Kreisen bei Schnee

Insofern »erledigt« sich die Sache mit dem »Kreisen« mangels Schnee in den meisten Jahren von selbst.
Hinzu kommt noch, daß diese Jagdart nahezu immer dem Schwarzwild gilt, und diese Wildart ist eben nicht gerade in den Hochlagen der Mittelgebirge zu Hause (wo noch an ehesten mit Schnee zu rechnen ist), sondern eher in den schneearmen, weil warmen »Weinbaulagen« von Rhein, Mosel und anderen Flüßchen.
Natürlich gibt es auch erhebliche Schwarzwildbestände im norddeutschen Raum, aber für das »platte Land« gilt eben auch, daß Schnee in »kreisbaren Dimensionen« auch dort immer seltener wird.

Jagd auf gekreistes Wild

Drückjagden – auch bei Schnee – sind ein nur sehr bedingt geeignetes Mittel, den noch notwendigen Abschuß bei den abschußplanpflichtigen Schalenwildarten zu erfüllen. Am ehesten klappt das vielleicht noch beim Rehwild, aber für dessen Bejagung im Winter brauche ich keinen Schnee. Bei der starken Bindung dieser Wildart an seinen Einstand weiß der erfahrene Jäger auch so, wo er seine Rehe in dieser Jahreszeit suchen muß.

»Druckfehler« auf flüchtiges Wild

Rot- und Damwild zu »kreisen« und dann zu bejagen birgt immer die Gefahr, daß »Druckfehler« auf mehr oder weniger flüchtiges Wild niemals auszuschließen sind, weil eben das Ansprechen und der schnelle Schuß auf das Kalb oder zweifelsfrei angesprochene Schmaltier Erfahrung und Schießkunst in einem Maße erfordern, über die nicht alle Jäger in dem notwendigen Maße verfügen.
Bei den Sauen liegen die Dinge doch anders.
Beschränken wir uns daher bei der Betrachtung dieser Jagdform auf das Schwarzwild.

Die erste lassen wir durch, aus den drei übrigen können wir eine (oder auch zwei) herausschießen.

Frischlinge sind immer nach Farbe und Stärke blitzschnell ansprechbar, ebenso geringe Überläufer, obwohl auch bei diesen, wenn sie einzeln kommen und Vergleiche mit anderen Sauen nicht möglich sind, Druckfehler passieren können.

Das Kreisen muß immer sehr weiträumig erfolgen, will man eine frühzeitige Störung und ein Auswechseln der Sauen, die die Absicht bemerkt haben und daher verstimmt sind, vermeiden.

Jagd auf gekreiste Sauen

Mathematik des Kreisens

Kreisen hat eine Menge mit Mathematik zu tun, und oft ist man am Verzweifeln, wenn man eben nicht genau sagen kann, ob die zweimal in die Dickung eingewechselte und zweimal wieder ausgewechselte Rotte nun steckt oder nicht: rein – raus – rein – raus oder raus – rein – raus – rein?

Einfacher ist die Sache, wenn es bis in den frühen Morgen hinein geschneit und man nur den Einwechsel der Rotte oder des einzeln gezogenen starken Keilers gefunden hat.

Die Fährte des Hauptschweines alleine ist allerdings ein möglicherweise trügerisches Merkmal dafür, daß man es tatsächlich mit einem »dicken Erntekeiler« zu tun hat.

Fährtenstärke Schrittlänge Schrank

So wie es kleine Leute mit großer Schuhnummer gibt, so ist auch die Fährtenstärke für sich alleine ein nicht immer sicheres Merkmal für Alter und Stärke einer Sau. Verläßlicher ist da schon die Schrittlänge und der Schrank, natürlich in Verbindung mit der starken Fährte.

In der Rauschzeit, die ja in die Schnee-Erwartungszeiten fällt, kann es natürlich sein, daß sich Rotte und starker Keiler zusammen in die Dickung hineinfährten. Dennoch wird der Keiler mit Sicherheit nicht bei der Rotte sitzen, sondern den Tag alleine und abseits der Bachen mit ihren Frischlingen verbringen.

Nehmen wir einmal an, ein Jäger hat am Vormittag eines herrlichen Wintertages (es hat in der Nacht zuvor ausreichend geschneit) eine Rotte, bestehend aus einigen Bachen und einer Vielzahl von bereits »bejagbaren« Frischlingen und einem starken Keiler, in eine große Dickung hineingefährtet. Diese große Dickung wird von einer über zehn Meter breiten Schneise »halbiert«.

Beispiel

Um eine Störung zu vermeiden, beläßt unser Jäger es einmal zunächst dabei und verkneift es sich, diese Schneise ebenfalls abzufährten. Er begibt sich nach Hause – oder auch nur zu seinem Auto, um dort per Handy oder Normaltelefon seine Jagdfreunde einzuladen. Man verabredet sich weitab vom »Tatort«, um ja die Sauen nicht vorzuwarnen, wenn vielleicht die Hunde in Erwartung der bevorstehenden Ereignisse Laut geben. Im Idealfalle sind bei den Eingeladenen ein paar Jäger, die sehr gut eingejagte Deutsche Jagdterrier führen und natürlich mitbringen. Zwei oder drei Treiber, die man am besten aus dem Stand der in diesem Revier tätigen Waldarbeiter rekrutiert, weil diese natürlich das Revier und auch diese Dickung wie ihre Westentasche kennen, werden ebenfalls zum vereinbarten Treffpunkt gebeten.

Jäger mit gut eingejagten DJ

Auf solch engen Schneisen muß es schnell gehen und kann auch gefährlich werden! Da die Schützen jedoch ein Gatter im Rücken haben, darf man vermuten, daß die Dickungen Sichtschneisen aufweisen, die für eine Schußabgabe geeignet sind, ohne jemanden zu gefährden.

Freigaben und Sicherheitsbestimmungen

Sind alle Geladenen eingetroffen, wird der Jagdherr seine Jagdfreunde begrüßen und auf die Sicherheitsbestimmungen hinweisen. Dann wird er Frischlinge und den gekreisten starken Keiler freigeben. Er bittet sehr, darauf zu achten, daß nicht anstelle des Keilers eine möglicherweise einzeln kommende Bache erlegt wird.

Die Terrier werden den Treibern übergeben mit klaren Anweisungen, diese erst zu schnallen, wenn sie nach Ausgehen der Fährten an die Sauen herangekommen sind. Dies ist wichtig, um zu vermeiden, daß sich die Terrier vielleicht zunächst dem Rehwild widmen und dann, wenn sie dringend gebraucht würden, nicht zur Stelle sind.

Die Treiber warten am Treffpunkt, bis alle Schützen angestellt sind und gehen dann erst, am besten auf Hornsignal, los!

Ablauf der »Beispiel«-Jagd

Es wird zunächst einmal der gesamte Dickungskomplex abgestellt. Dann, wenn alle Schützen ihre Stände eingenommen haben, fährtet der Jagdleiter die besagte breite Schneise ab und stellt dabei fest, daß die Sauen allesamt in der einen Hälfte, in die sie auch eingewechselt waren, sich gesteckt haben.

Rasch läuft er zurück und holt sich einen Teil der Schützen, die um den leeren Dickungsteil stehen, wieder ab und stellt diese auf der Schneise an. Auf den Hauptwechseln allerdings wird er den einen oder anderen Jäger doch stehen lassen, als Ausputzer sozusagen.

Verabredetes Hornsignal

Auf das verabredete Hornsignal gehen die Treiber los und folgen mit den noch aufgekoppelten Hunden der Rottenfährte in die Dickung hinein. Inmitten derselben werden die Hunde sehr heftig und auch an den Koppeln laut, es rauscht und kracht um die Treiber herum: die Rotte hat den Kessel verlassen. Die Terrier werden nun geschnallt und jagen sofort die Rotte auseinander. Die ersten Schüsse fallen, und nach weniger als fünf Minuten scheint der Spuk zu Ende zu sein.

Hunde werden geschnallt

Da gibt in einer abseits liegenden Dickungsecke noch einmal ein einziger Hund Standlaut, andere schlagen bei, aber es geht dort nicht vom Fleck. Erst als die Treiber sich mit Geschrei dem Standlaut nähern, geht die Jagd los, und es fällt »draußen« ein Doppelschuß, dem Minuten später noch ein Einzelschuß auf einem der Stände jenseits des »leeren« Dickungsteiles folgt.

Standlaut

Das Treiben wird abgeblasen.

Treiben abblasen

Zur Strecke sind vier Frischlinge und der starke Keiler, der zunächst von einem Jäger in der Schneise doppel-

Hier ist das Ansprechen kein Problem. Die Bache lassen wir durch, und wenn es gelingt, beide Frösche zu erlegen, dann dazu »Waidmannsheil«.

rohrig vorbeigeschossen wurde und den dann jenseits der Dickung doch noch sein Schicksal ereilte.

Drückjagden auf gekreiste Sauen haben ihren ganz besonderen Reiz und in der Jägerschaft einen berechtigt hohen Stellenwert.

Schießfertigkeit und Ansprechvermögen sind Grundvoraussetzungen für jeden Teilnehmer an einer solchen Jagd, und wer leichtfertig hierbei die Bache schießt, der tut dies auch beim Ansitz oder auf der Pirsch. Jede Jagdart ist so gut oder so schlecht wie die Jäger, die sie ausüben.

Bernd Krewer

Mit Treibern und Hunden auf Sauen in Dickungen

Drückjagd

Die Bewegungs- oder Drückjagd ist immer noch in sehr vielen Revieren die Form der Gesellschaftsjagd schlechthin.
Und sie ist auch in vielen Revieren durchaus empfehlenswert, es hängt eben sehr von der individuellen Geländeausformung und vor allem davon ab, aus welchen Baum- oder Straucharten sich die Dickungen (Einstände) zusammensetzen und wie hoch ihr Anteil an Schwarzdorn, Ginster und Brombeere ist.
In durchaus »zahmen« forstlichen Dickungen würde es jedenfalls genügen, gute Hunde alleine mit der Arbeit des »in-Bewegung-bringenden« Wildes zu betrauen. Andererseits wird es aber in ausgedehnten Schwarzdornverhauen nur wenigen nicht in Meuteformation jagenden Hunden kaum gelingen, Sauen herauszudrücken. Hier ist eine andere Taktik zwingend erforderlich.
Die Treiber, die im Regelfalle auch die Hunde- beziehungsweise Meuteführer sind, lassen zunächst nur weni-

Natürlich wird die führende Bache (links) geschont! Wir warten, bis ein Frischling frei und breit steht und riskieren keinesfalls einen sogenannten »Paketschuß«.

ge Hunde (die im Idealfalle weitestgehend rehrein und besonders ruhig und feinnasig sein sollten) von der Koppel und warten, bis diese in den undurchdringlichen Schwarzdornfeldern die Sauen gefunden haben.

Einsatz der Hunde

Dann erst werden die übrigen Hunde beigeschnallt, weil es sehr unwahrscheinlich ist, daß es einem oder zwei Hunden gelingen könnte, die Sauen zum Verlassen dieser »Burgen« zu bewegen.

Unter solchen Bedingungen sind Terrier einfach unentbehrlich, die »ohne Rücksicht auf Verluste« (manchmal durchaus im wörtlichen Sinne) den Sauen so an die Wäsche gehen, daß diese auch die ausgedehntesten Dornenverhaue verlassen müssen.

Dies liegt neben den »Rambo«-Eigenschaften der Terrier auch an ihrer relativen Kleinheit, die ihnen im Schwarzdorn noch eine ausreichende Bewegungsfreiheit sichert. Wachtel und auch hochläufige Bracken haben es da schon schwerer, sie kommen manchmal den heran- oder ausbrechenden Sauen nicht schnell genug aus den Tunnel-Wechseln weg und werden dann unter Umständen auch schon mal geschlagen.

Terrier werden selten einmal geschlagen, weil sie den Sauen nicht rasch genug ausweichen konnten, sondern eher, weil sie selbst der sich stellenden Sau sozusagen »ins Gebrech« gesprungen sind.

Vorstehhunde weniger geeignet

Der Einsatz hochläufiger Vorstehhunde verbietet sich unter solchen Verhältnissen schon von selbst, weniger, weil sie oft genug zu scharf sind, sondern weil auch sie der annehmenden Sau nicht schnell genug ausweichen können.

Weiträumig abstellen

Bei dieser Jagdform empfiehlt es sich, weiträumig abzustellen. Aus dem Schwarzdorn heraus – sozusagen mit den Terriern im Nacken – kommen die Sauen hochflüchtig und sind kaum einigermaßen sicher auf Stärke und mögliche Mutterrolle anzusprechen.

Aus alledem geht hervor, daß diese Jagdform nur dort ihren Sinn hat, wo die jagdliche Unternehmung in erster

Eine gut gelaunte und motivierte Treiberwehr ist sehr wichtig. Gelbe Kleidung macht sie weithin sichtbar.

Linie den Sauen gilt und die Einstandsverhältnisse so gemein sind, daß der Einzelhund ohne menschliche Unterstützung keine Chance hat, die Sauen auf die Läufe zu bringen.

Nach weiträumigem Abstellen empfiehlt es sich – wo immer möglich – auch zwischen den einzelnen Schwarzdornkomplexen noch Schützen zu postieren. Oft huschen die Sauen zwischen den einzelnen undurchdringlichen Schwarzdorn-/Ginsterkomplexen hin und her und sind zum Verlassen des weiträumig abgestellten Gebietes nicht zu bewegen.

Abstellen

Wenn nun inmitten des Treibens Schüsse fallen und dort trotz der schnellen Gangart der Sauen der eine oder andere Frischling erlegt wird, wird es meist auch den anderen Sauen zu bunt, und sie begeben sich auf die Reise in weiter entfernte, ruhigere Gefilde. Was hier exemplarisch für den Schwarzdorn gesagt wurde, gilt analog natürlich auch beispielsweise für große Windwurfverhaue, wie wir sie in der Folge von »Wiebke« im Jahre 1990 und später noch hatten. In Einzelfällen lohnte das Aufarbeiten nicht, und man ließ einfach alles liegen: Die Natur wird es schon richten, so dachten wohl manche Kleinprivatwaldbesitzer, und so sind diese Windwürfe längst von Brombeere, Ginster und Schwarzdorn durch- und überwachsen und verrotten vor sich hin, was jedoch beispielsweise bei der Douglasie noch Jahrzehnte dauern kann.

Überwachsene Windwürfe

Man kann sich ausmalen, wie wohl sich die Sauen in solchen uneinnehmbaren »Burgen« fühlen und wie schwer es ist, sie dort heraus zu bekommen.

Sicher ist diese Jagdmethode nicht unbedingt jedermanns Geschmack, aber wer meint, er wisse etwas Besseres, der kann es ja ausprobieren.

Taktik des Hundeeinsatzes

Es hat sich bei uns bewährt, daß die Hunde-/Meuteführer sich trennen und jeder für sich mit seinen Hunden einen anderen Dornenkomplex vornimmt. Das verunsichert die Sauen ungemein, und sie verlassen oft vorzeitig das Gesamttreiben, weil sie mitbekommen, daß in der Nachbardickung auch bereits die Teufel beziehungsweise die Hunde los sind und es dort ebenfalls ungemütlich geworden ist.

Man kann natürlich auch kombinieren – wie überhaupt keine der hier beschriebenen Jagdmethoden den Anspruch erheben kann, unter allen nur denkbaren Bedingungen das Non plus Ultra zu sein.

örtliche Erfahrung

Ein wenig ist auch immer die örtliche Erfahrung des Jagdleiters, verbunden mit einer intimen Kenntnis der Wechsel und Wege des Wildes gefragt.

Bernd Krewer

Weiträumiges Jagen mit Hunden ohne Treiber

Seit rund 15 Jahren hat sich eine größere Zahl von Hundeführern zur nordhessischen Stöberhundgruppe zusammengeschlossen. Die ersten Anregungen hierzu kamen aus den Forstämtern Reinhardshagen, Melsungen und Spangenberg. Heute laufen die Fäden bei dem Forstamtmann Uwe Ickler, Försterei Waldhaus, einem hervorragenden Wachtelkenner, zusammen.

Geeignete Hunderassen

Hier sind deutsche Wachtelhunde dominant, wenn sich die Gruppe zur Arbeit im Walde trifft. Einige deutsche Jagdterrier sind stets dabei. Nur ein oder zwei Jagdfreunde führen Deutsche Bracken. Im Grunde genommen ist jeder Hund – gleich welcher Rasse – tauglich, der die notwendigen Eigenschaften mitbringt, nicht gar so schnell auf den Läufen ist und eine entsprechende Ausbildung genossen hat. Damit scheiden unsere hochläufigen Gebrauchshunde – bis auf ganz wenige Ausnahmen – für diese Arbeit aus. Auch die Teckel stoßen mit ihren kurzen Läufen bei hoher Schneelage schnell an ihre Grenzen. Hinzu kommt noch ein Nachteil aller passionierten Erdhunde: An keinem frisch befahrenen Bau gehen sie vorbei. Fuchswitterung ist für sie zu verführerisch. Damit fallen sie – je nachdem, was da so untertage geschieht – für ihre eigentliche Arbeit dieses Tages zeitweise aus. Das ist unvermeidlich, wenn diese Hunde auch zur Bodenjagd Verwendung finden.

Eigenschaften des guten Stöberers

Der gute Stöberhund sucht das Wild mit feiner Nase in unübersichtlichem Gelände selbständig, bringt es auf die Läufe und verfolgt es. Das geschieht ohne Einwirken seines Herrn. Suchen heißt hier, Wild im Dichten finden wollen. »Schneisenfeger«, die Wild auf Schneisen finden wollen, sind unbrauchbar. Sie stören bei Ihrer »Rennerei« vielmehr die anstehenden Schützen.

Der ideale Hund sucht solange um den Stand seines Herrn herum, bis er Wild findet. Das kann nach 50 oder erst nach 500 Metern der Fall sein. Wenn der Stöberhund einen Radius von 300 Metern um den Stand des Führers mehrmals während einer Jagd verläßt (nicht nur in der ersten Hitze des Schnallens), dann liegt seine Stöberqualität bereits deutlich über dem Durchschnitt. Jetzt wird die Mehrzahl der Hundeführer sagen: »Mein Hund geht noch viel weiter.« Meist aber nur hinter Wild, selten ohne. Wie weit der Hund geht, ist auch geländeabhängig. Wenn der Stand seines Herrn in einem großen Dickungskomplex mit viel Wild liegt, wird sich der Hund eher von seinem Herrchen lösen als in einem Stangenholz »weit ab vom Schuß«, wo der Hund erst ein paar hundert Meter laufen muß, bevor er an eine Dickung stößt. Das selbständige und weite Suchen, Aufstöbern und spurlaute Verfolgen steht eindeutig an der Spitze aller Forderungen an meinen Stöberhund.

Stöbern, selbständig und weit

Das richtige Maß an Schärfe und Härte

Die zweite Eigenschaft, die ein guter Hund haben sollte, ist eine gute Portion Schärfe. Keine hirnlosen Packer, die nach jeder zweiten Jagd beim Tierarzt landen und dann die nächsten vierzehn Tage mit einem Eimer um den Kopf zu Hause liegen. Gefragt ist der »intelligente« Hund, der den Frischling von einer starken Sau zu unterscheiden weiß und sich entsprechend verhält. Ein Hund, der den geringen Überläufer in die Keulen zwickt und den Keiler mit deutlich mehr Vorsicht angeht.

Das Maß der erforderlichen Schärfe zeigt sich dann am besten, wenn die flüchtige Sau irgendwo Zeit und Deckung findet, sich wieder einzuschieben. Jetzt – ohne Mitwirkung des Herrn – sie erneut auf die Läufe zu bringen, einen kurzen Ausfall wegzustecken und nach flinkem, gewandten Ausweichen nun wirklich mit Energie neu zu attackieren, das zeichnet den guten Stöberhund aus. Verflixt selten finden wir ihn. Seine Arbeit verdient unseren Respekt. Nur Erfahrung lehrt ihn bei allem Durchhaltewillen auch eine gewisse Vorsicht bei unmittelbarer Tuchfühlung mit aggressiven Sauen. Sonst werden gerade diese Hunde nicht alt. So mancher Wachtel- und Terrierführer weiß ein Lied davon zu singen. Schon unsere Altvorderen wußten: Wer Schweinsköpfe will, muß Hundsköpfe dransetzen.

Vorsicht bei aggressiven Sauen

Spurlaut, ein unbedingtes Muß

Natürlich muß der Stöberhund laut jagen. Stumme Hunde sind absolut unbrauchbar. Spurlaut ist unbedingtes Muß. Wie weit der Hund jagen soll, darüber haben sich die Hundeführer seit Beginn der »Ära Bewegungsjagden« die Köpfe heißgeredet. Ich sage: Der Hund soll, so lange es geht die Fährte halten und anschließend zum Herrn zurückfinden. Weitjagende Hunde bieten am ehesten die Gewähr, daß das verfolgte Wild einem oder mehreren Schützen kommt. Das Problem der »Grenzüberschreitung« durch den weitjagenden Hund läßt sich durch Gemeinschaftsjagden mit den angrenzenden Jagdnachbarn lösen.

Solojäger

Der gute Stöberhund ist Solojäger. Das schließt nicht aus, daß er bei Standlaut eines anderen Hundes beischlägt. Aber in Nordhessen ist die Meutejagd – die mit einer großen Zahl von Hunden gesundes Schalenwild über Berg und Tal hetzt – nicht gewollt. Während der Jagd möchte gern jeder Hundeführer den Fährtenlaut seines Hundes heraushören. Er soll möglichst nicht untergehen im Laut einer ganzen Meute. Erfahrene Hunde hören am Laut der anderen Hunde ganz genau, ob die Sache für sie interessant ist oder nicht.

Beischlagen zu anderen stellenden Hunden

Das Beischlagen bei Standlaut ist sogar erwünscht, denn mehrere Hunde bringen die Sauen auf Trab. So gibt es Hunde, die sich bereits von anderen Jagden her ganz genau kennen und gern zusammen jagen. Ein solches Team leistet oft überdurchschnittliche Arbeit.

Die Verbindung zum Führer darf möglichst nicht abreißen. Ideal ist der Hund, der nach jeder Fährtenarbeit zum Führer zurückkehrt und sich neu schicken läßt. Die Dickung, die der Hundeführer von der Jagdleitung als »Arbeitsfeld« für seinen Hund zugeteilt bekommen hat, wird so im Laufe der Jagd mit Sicherheit mehrmals abgesucht.

Kontakt zum Führer

Es gibt Hunde, die den Kontakt zum Führer, nicht aber zur Jagdgesellschaft, abreißen lassen: Sie sind immer dort zu finden, und jagen dann auch dort, wo etwas los ist. Das hat den Nachteil, daß in der Dickung, die dem

Hundeführer als Terrain zugeordnet wurde, unter Umständen am Ende der Jagd noch Wild steckt. Solche Hunde haben aber den unschätzbaren Vorteil, daß sie grundsätzlich gut stöbern, egal ob bei ihrem Führer etwas los ist oder nicht – sie suchen sich einfach etwas. Welchen Ruhm sie an diesem Tage an ihre Fahne geheftet haben, erfährt ihr Führer erst nach dem Abblasen.

Hunde die sich einfach etwas suchen

Oft hört man von den Hundeführern: »Mein Hund hat heute wieder super gejagt, er war über zwei Stunden unterwegs.« Was der Hund in dieser Zeit gemacht hat, ist ungewiß. Hunde, die intensiv gejagt haben, erkennt man daran, daß sie am Ende der Jagd nur noch breitbeinig und steif aus dem Auto humpeln, während ihre nichtjagenden Kollegen noch schweifwedelnd an der Strecke herumspringen können.

Hundezahl und »Schutzburgen« der Sauen

Die Zahl der Hunde auf einer Stöberjagd ist ein ganz heißes Thema. Sie ist abhängig von der Größe und Beschaffenheit der Einstände, von den vorkommenden Wildarten und deren Dichte sowie der Qualität der Hunde. Es gibt Jagden, bei denen 600 Hektar mit wenigen und relativ kleinen Einständen bejagt werden. Auf einer solchen Jagd genügen vielleicht schon sechs oder sieben gute Hunde. Dann gibt es Jagden, bei denen 1.500 Hektar bejagt werden. Davon besteht ein Drittel der Fläche aus großen, knüppeldichten Naturverjüngungen und Dickungen mit Ginster und Brombeere. Da werden unter Umständen 40 Hunde nicht ausreichen, um einen großen Teil des vorhandenen Wildes vor die Büchse zu bringen. Geschlossene, von Menschen nicht zu durchdringende Schwarzdornhecken sind solche Schutzburgen der Sauen. Hier haben wirklich nur viele scharfe Hunde Erfolg. Fehlen diese, fehlen auch abends die Sauen auf der Strecke.

Sauenjagden brauchen viele Hundeführer

Für eine Jagd, bei der mit reichlich Sauen zu rechnen ist, wird der Jagdleiter im Zweifelsfall einige Hundeführer mehr einladen als auf eine, bei der voraussichtlich nur einige Stück Rotwild vorkommen werden.

Qualität stets gefragt

Der entscheidende Punkt ist die Qualität der Hunde. Nur mit wirklich guten Stöberhunden ist eine solche Jagd erfolgreich zu gestalten. Ohne einen gewissen Grundstock an erfahrenen Hunden kann eine noch so gut organisierte Jagd in die Hose gehen. Neben den Top-Hunden gibt es meist eine ganze Reihe von durchschnittlichen Mitläufern und jungen Hunden, die entweder beischlagen oder nur gemeinsam das ein oder andere Stück vor die Büchse bringen. In großen und dichten Dickungen mit Schwarzwild trennt sich sehr schnell die Spreu vom Weizen. Aber auch hier macht natürlich erst Übung den Meister, und übertriebene Anforderungen an einen Junghund sind völlig fehl am Platz.

Stand des Hundeführers

Da ein Teil der Hunde nicht weit stöbert und die Hunde nach ein, zwei Stunden häufig nicht mehr bei voller Kondition sind, sollte die Entfernung vom Stand des Führers zu den Einständen möglichst gering gehalten werden. Eine gut organisierte Jagd erkennt man unter anderem daran, daß die Hundeführer mit guten Hunden entweder direkt an den Einständen oder am Rande stehen, niemals jedoch 300 Meter entfernt im Altholz.

Es ist für den Jagdherrn außerordentlich wichtig, die Eigenschaften der Hunde zu kennen: Wie weit sie stöbern, wie scharf sie an Sauen sind, ob sie regelmäßig zu ihren Führern zurückkommen oder ob sie bei Sauen auf die Unterstützung ihres Herrn angewiesen sind. Nur wenn der Jagdleiter die Qualität der Hunde kennt, kann er sie entsprechend ihrer Fähigkeiten optimal einsetzen.

Statt Überjagen Teamgeist

Auf großen, revierübergreifenden Gesellschaftsjagden im Wald gibt es kein Überjagen, wenn eine vernünftige gemeinsame Planung aller Waldjäger stattgefunden hat. Unterstellen wir eine große, zusammenhängende Staatswaldfläche von 700 bis 1.000 Hektar, so bilden diese flächenmäßig die Basis der Stöberjagd. Alle – ich wiederhole mit Nachdruck – alle Jagdpächter der anliegenden Kommunal- und Privatwälder werden in diese Jagd mit einbezogen und bringen auch eine angemessene Anzahl von Jagdgästen mit. Die Verbindung untereinander beim gemeinsamen Jagen und abendlichem Schüsseltreiben wird enger. Die Toleranz gegenüber dem »feindlichen Nachbarn« wächst, seine Hunde werden erkannt. Bringen diese gar einen Überläufer über die Grenze vor die Büchse, entwickelt sich an diesem Tag ein wirklich echter Teamgeist.

Merkblatt für die Ausrichtung von Gesellschaftsjagden mit Stöberhunden

Von der Hessischen Stöberhundgruppe ist 1995 ein Merkblatt für das Ausrichten von Gemeinschaftsjagden mit Stöberhunden erarbeitet worden. Es enthält aus harter Praxis die entscheidenden Vorschläge und Hinweise zu einer fachgerecht geplanten und durchgeführten Jagd. Aus Erfahrung heraus will es die grundsätzliche Marschrichtung aufzeigen, nicht aber dem Jagdleiter für sein Revier gar die Details vorschreiben.

Licht und Schatten

Viele Jäger jagen auf Rot-, Reh- und Schwarzwild lieber beschaulich auf der Einzeljagd. Ganz missen will sie wohl keiner von uns. So respektiere ich bei zeitlich dosiertem Gebrauch selbstverständlich Ansitz und Pirsch. Aber dem Vorwurf, diese großen Jagden seien »wildbiologisch völlig verfehlt«, trete ich entschieden entgegen. Natürlich werden die Sozialverbände der genannten Wildarten an diesem Tag häufig gesprengt, das Jungwild verliert den Anschluß an das führende Mutterstück. Aber die Freigabe des Jagdleiters am Morgen der Jagd und die Disziplin der Jäger entscheiden über die Entnahme eines jeden Einzelstücks. Bei der überlebenden Bache finden sich die »restlichen« Frischlinge sehr rasch wieder ein. Schon MEINHARDT weist darauf hin.

»Tierschutzgerecht«, wenn die Hundequalität stimmt

Dem zweiten Vorwurf der »nicht tierschutzgerechten Jagdart« steht die Qualität der Hunde entgegen. Es sind eben nicht viele, schnelle Hunde, die in der Gruppe – der Meute – gesundes Wild zu Stande hetzen und dann unerwünschte Situationen schaffen. Nein, die Planung hat wohlüberlegt Zahl und Qualität der Hunde berücksichtigt, selbstverständlich unter Einbeziehung einiger Junghunde. Die müssen es ja erstmal lernen. Die Einzeljäger unter den Hunden bestimmen also das jagdliche Geschehen.

Da lacht das Herz des Waldjägers. Weitab im dunklen Tann schlägt sein Hund an, bleibt spurlaut, sendet sein akustisches Signal an den Führer: »Ich habe gefunden, bleibe dran!« Die Brücke zwischen beiden ist geschlagen.

Früh und durchdacht die Organisation

Noch ein Wort zur Organisation. Die Mehrzahl der hessischen Forstämter bittet – vielfach in gegenseitiger Abstimmung – alljährlich schon in den Frühsommermonaten um Mithilfe der Stöberhundgruppe bei einer oder mehreren Jagden. Dadurch ist schon frühzeitig eine Termingestaltung für alle Beteiligten möglich. Mancher Urlaubstag eines Hundeführers wird so verplant. Oft wird aber im November – der Hauptsaison – eine Verteilung der Hundegruppe auf drei Reviere an einem Tag notwendig. Einige Male im Jahr reisen auch einige Unentwegte mit ihren Stöberhunden nach Brandenburg und Sachsen-Anhalt. Immer bedingt das gute Organisation.

Hohe Strecken möglich

Die Strecken an Schalenwild und Fuchs, die an solchen Tagen erzielt werden, hängen sehr von der Bestandsituation der einzelnen Schalenwildarten ab, aber auch von den jagdlichen Absichten der verantwortlichen Jäger. Eine restriktive Freigabe bei Rot- und Schwarzwild schiebt leicht einen Riegel vor zu hohe Abschüsse. So sind die Strecken unterschiedlich hoch. Nur knapp zweistellig werden sie, wenn wenige Hunde auf nur kleiner Fläche mit geringem Schalenwildbestand eingesetzt werden. Strebt aber die Jagdleitung an diesem Tage an, ihre Abschußplanung beim Schalenwild zu 70 bis 80 Prozent zu erfüllen – und dies ist mehrfach nachweisbar in den vergangenen Jahren gelungen – so können bei 1.500 Hektar Jagdfläche und 40 eingesetzten Stöberhunden abends zwischen 40 und 70 Stück Wild auf der Strecke liegen. Dies setzt Erfahrung bei der Planung, vor allem richtigen Einsatz guter Stöberhunde und sauberes Schießen voraus. Dies unterstützt der

Jagdleiter, indem er schwierige Stände den besonders zuverlässigen Kugelschützen zuweist.

Auch hier kann es Pannen geben

Natürlich kommen bei Stöberjagden unter dem Druck der Hunde manche Stücke sehr flott bei den Schützen an. Dann gelingt das Ansprechen nicht immer. Selbst erfahrene Schalenwildjäger übersehen einmal ein winziges Endchen in der Achtergabel des geringen Hirsches oder haben plötzlich eine Bache oder einen zweijährigen Keiler von 75 kg liegen, die sie wirklich nicht schießen wollten und auch nicht sollten. Keiner ist vor solchen Pannen sicher. Also, lieber zweimal sauber ansprechen als einmal vorschnell drücken. Das liest sich natürlich leichter als es getan ist, denn seine Chancen nutzen möchte doch gern jeder.

Standauswahl

Die Standauswahl bei solchen Jagden ist ohne Zweifel eine wichtige Aufgabe der Jagdleitung. Fachliches Können und Erfahrung sind entscheidend. Die erste Überlegung gilt stets dem Minimieren der Unfallgefahren. Das gilt nicht nur für die Jagdteilnehmer, seien es nun Jäger oder Helfer. Auch andere Waldbesucher können überraschend auftauchen, besonders an Wochenenden. Ein möglichst sicherer Kugelfang wird deshalb angestrebt. Eine gute Lösung besteht darin, die Jäger in leicht erhöhten Schirmen abzustellen (siehe Seite 32). So werden deren Geschosse nach dem Durchschlagen des Wildkörpers oder bei Fehlschüssen früh im Erdreich aufgefangen, im Regelfall wenigstens. Sitzen die Schützen dabei weitab von den Wildeinständen an bekannten Fernwechseln, ist der Nachbar oft nicht zu sehen und nicht zu gefährden.

»Lichtbrücken« werden überfallen

Schneisen zwischen zwei Dickungen sind als Schützenstände wenig tauglich. Es sind »Lichtbrücken«, die das Wild meist schnell überfällt. Besser sind Stände im Dunkeln. Dort wird angeregtes Wild wieder langsam. Wenn das Schußfeld zu gering ist, werden vom Stand aus schmale Linien, »Krähenfüße«, aufgehauen. Sie weisen zumindest doppelte Saubreite auf. Wechselt Wild an,

Vier stärkere Sauen verhoffen im Schnee. Ein Familienverband, bei dem der Finger am besten gerade bleibt.

konzentriert sich der Jäger dorthin. Sobald es in eine der Linien tritt, schreckt oder fiept er es an, damit es verhofft. Dann erlauben »Krähenfüße« sauberes Ansprechen und Schießen.

Meist kommt das Wild auch nicht mehr in voller Fahrt. Ist der Jäger dann entsprechend aufmerksam, kann er jede Hast bei Abgabe des Schusses vermeiden. Dann trifft's sich leichter. Nur die Stände der Hundeführer gehören eng an, ja rein in die Wildeinstände. Dort stehen diese Männer dann oft auf schmalen Schneisen. Die schießtechnischen Anforderungen werden hoch, vielfach aber auch erfüllt. Die Hauptaufgabe der Hundeführer, die Stöberhunde bei einer Wildjagd richtig anzuleiten und in vorher exakt festgelegten Teilflächen zu unterstützen, kann nur von solchen Ständen aus optimal durchgeführt werden.

Jahr für Jahr gilt es, die Erfahrungen zu erfragen, die von den Jägern auf den einzelnen Ständen gesammelt wurden. So kann in der Folgezeit mancher Tip dazu dienen, den Stand zu optimieren. Das erleichtert vielfach sauberes Schießen.

Verhalten auf dem Stand Beim Verhalten auf dem Stand sind zwei Dinge unerläßlich: Standruhe und Aufmerksamkeit. Ist der Jägersmann auf seinen Stand eingewiesen, die Verständigung – soweit überhaupt möglich – durch Handzeichen mit dem Nachbarn erfolgt und die Waffe geladen, wird er zum Monument. Dieses »eiserne Stillstehen« oder »Stillsitzen« und Verschmelzen mit der Umwelt, soweit ein bißchen Deckung und die richtige Kleidung gegeben sind, hat schon manchen Fuchs den Balg gekostet. Meist kommt er geschnürt. Der Schuß fällt leicht, auch mit der Kugel. Aber früh sehen muß man ihn, um die Waffe rechtzeitig und unbemerkt an die Schulter zu bekommen.

Ständig Wachsein Frühes und »ständiges Wachsein« auf dem Stand kennzeichnet den Könner. Bei ORTEGA Y GASSET können wir nachlesen: »Der Jäger weiß, daß er nicht weiß, was kommt« – ich wage zu ergänzen: Was wo und wann kommt – »und das ist mit der größte Reiz bei seiner Beschäftigung.« Diese ständige, erhöhte Aufmerksamkeit ist ohne Zweifel über einen längeren Zeitraum bei Drück- und Stöberjagden recht anstrengend. Aber sie lohnt, manchmal noch in den letzten fünf Minuten, wenn der abgesprengte Frischling langsam durch den Fichtenanflug herantrollt. Ist nach drei Stunden trotzdem der Anlauf ausgeblieben, lag es sicher nicht am Standverhalten. Überall können die Sauen nicht kommen.

Peter und Walter Bachmann

Drückjagd auf Rehwild

Früher mit Bracken bejagt

Rehwild ist ganz gewiß keine »klassische« Drückjagd-Wildart, wenn es auch mancherorten im 19. und frühen 20.Jahrhundert sogar mit Bracken gejagt wurde, wie Gemälde und Stiche aus dieser Zeit beweisen.
Drückjagden auf Rehwild sind immer noch bei sehr vielen Jägern nicht gerade populär, und sie waren in einigen Bundesländern bis vor kurzer Zeit sogar verboten.
Die Gründe dafür sind wohl in erster Linie in der Abwurfzeit des Rehbockes zu suchen. Im November - Dezember hat der Rehbock sein Gehörn abgeworfen und ist – wenn er beispielsweise über eine bewachsene Kulturfläche flüchtet – auch nicht gerade leicht anzusprechen. Schon manche erlegte »Ricke« entpuppte sich bei näherem Hinsehen als Bock, und das konnte sogar den Jagdschein kosten.

»Druckfehler« sind heute Ordnungswidrigkeiten

Mittlerweile ist ein solcher »Druckfehler« nahezu überall zur »Ordnungswidrigkeit« abgestuft worden, also eine eher »läßliche Sünde«, bei der nicht mehr allzuviel riskiert wird.
Ich muß noch einmal auf den »naturnahen Waldbau« kommen, der wohl mit der Hauptgrund dafür ist, daß wir auch das Rehwild künftig anders bejagen müssen, als wir es traditionell bisher bejagt haben. Der künftige, naturnah aufgebaute Wald unterscheidet sich vom bisherigen »Altersklassenwald« insbesondere dadurch, daß möglichst viele verschiedene Baumarten in möglichst vielen Altersklassen, also vom Sämling bis zum hiebsreifen Baum, auf kleinster Fläche stehen. Der Wald wird also sehr viel *undurchsichtiger* als der Altersklassenwald, in dem eine oder zwei Baumarten im etwa gleichen Alter das Waldbild prägen.

Rehwild klebt »an der Scholle«

Erschwerend für eine effektive Rehwildbejagung kommt hinzu, daß das Rehwild »an der Scholle« klebt und seinen Einstand, so dieser ihm Ruhe und Äsung gleichermaßen bietet, kaum verläßt und weite Wanderungen – vom Blattzeit-Bock einmal abgesehen – nicht vorkommen.

Weibliches Rehwild und Bockkitze

Eine gut organisierte Rehwild-Drückjagd ist auch und gerade bei dieser Wildart eine gute und effektive Methode, den notwendigen Abschuß – insbesondere des weiblichen Rehwildes und der Bockkitze – in sehr kurzer Zeit beziehungsweise an nur wenigen Tagen zu erfüllen. Es muß selbstverständlich sein, daß auch das Rehwild einen Anspruch darauf hat, *waidgerecht* bejagt zu werden. Die Erlegung der führenden Ricke vor ihren Kitzen darf auch unter dem Druck eines hohen Abschusses kein Thema sein.

Abweichend von anderen Drückjagden

Was also ist bei der Drückjagd auf Rehwild besonders zu beachten, und wie unterscheidet sie sich von den Gesellschaftsjagden auf die anderen Schalenwildarten (bei denen Rehwild meist nur »mitgenommen« wird, wenn sich die Möglichkeit einer Erlegung bietet)?

- Jagdflächen so abgrenzen, daß Gatterzäune, Wald/Feld-Grenze und ähnliche Linien einen möglichst sparsamen Schützeneinsatz ermöglichen.
- Nicht das zu bejagende Gebiet abstellen, sondern mit den zur Verfügung stehenden Schützen durchstellen, dabei Zwangswechsel und bekannte Flucht- und Fernwechsel in das »Durchstellen« einbeziehen.
- Die Schützen weiträumig, aber im dunklen Bestand anstellen. Rehwild kommt oft hunderte von Metern vor dem laut jagenden Hund.
- Stangenhölzer und bewachsenes Gelände sind ideal. Rehwild verhofft nach dem Verlassen seines eigentlichen Einstandes häufig und zieht dann, immer wieder verhoffend, langsam weiter.
- Da der Wildkörper unter den geschilderten Verhältnissen selten ganz frei ist von Ästchen, Brombeerranken oder ähnlichem, deshalb kein empfindliches Zerlegungsgeschoß verwenden, sondern eine stabile, dicke Pille.

- Besonders schwer zu bejagende Revierteile (beispielsweise undurchsichtige, großflächige Naturverjüngungen) nur bei guten Witterungsverhältnissen bejagen. Es sollte trocken sein, das Laub bereits am Boden und – im Idealfalle – frostig kalt sein mit leichter Schneedecke.
- Besonders wichtig ist die Zusammensetzung der Hundemannschaft beim Rehdrücken. Obwohl es sich teilweise wiederholt, hier die zwingenden Anforderungen an den »Rehdrückjagd-geeigneten Hund«:

Geeignete Hunde

  - Er sollte niederläufig sein (max. Stockmaß 50 cm).
  - Er muß unbedingt spur- beziehungsweise fährtelaut sein.
  - Er muß fährtetreu und Einzeljäger sein (nicht jeder Hund, der bellen kann, ist für eine solche Unternehmung geeignet).
  - Er muß für eine solche Arbeit auch eingearbeitet sein.
  - Je langsamer der Hund jagt, umso vertrauter kommen die Rehe vor die Schützen. Das Rehwild muß den spur- beziehungsweise fährtelauten Hund genau orten können.

Gute Treiberlinie

Beim Rehdrücken ist es nicht sinnvoll, wenn die durchgehenden Treiber und Hundeführer eine mehr oder weniger ausgerichtete Linie bilden. Jeder einzelne Hundeführer sollte ein ihm genau zugewiesenes (und auch bekanntes!) Gebiet mit seinem oder seinen Hund(en) selbstständig »durcharbeiten«. Rehwild drückt sich oft wie ein Hase und ist oft nur durch zähes Dranbleiben von Hund(en) und Hundeführer(n) vor die vorgestellten Schützen zu bringen.

Am »Lager« warten

Hat ein Hund ein Stück Rehwild hochgemacht und ist mit ihm »auf Reise«, so ist es durchaus zweckmäßig,

In vielen reinen Rehwildrevieren wird der Abschuß des weiblichen Wildes und der Bockkitze überwiegend bei herbst- oder winterlichen »Rehdrücken« erfüllt.

dort am »Lager« zu warten, bis der Hund wieder zurückkehrt. Häufig drücken sich im Umfeld noch andere Stücke, besonders im Winter, wenn sich das Rehwild zwar nicht wie das Rotwild »rudelt«, aber doch in Familienverbänden (sogenannte Sprünge) oder »Notgemeinschaften« zusammensteht.

Viele Jäger sind bei solchen Reh-Drückjagden in vieler Hinsicht überfordert, sowohl mit sauberem Ansprechen, als auch mit ebensolchem Schießen. Oft sind kurzfristig anberaumte Jagden mit wenigen, ausgesuchten Schützen und guten Hunden erfolgreicher als lange vorher geplante Jagden bei dann möglicherweise schlechtem Wetter mit dilettantischen Jägern und unbrauchbaren Hunden. Auch hier gilt: Der Jagdherr sollte keine Höflichkeitseinladungen verschicken, sondern seine Jäger nach jagdlichem Sachverstand und Schießfertigkeit aussuchen.

Bernd Krewer

Die Riegeljagd auf Gams

Ökologie des Bergwildes, Besonderheiten, die kein Jäger ignorieren sollte

Die Lebensräume im Hochgebirge bieten Pflanzen wie Tieren Bedingungen, die sich deutlich von denen anderer Biotope in flacheren Gefilden unterscheiden und von einem menschlichen Blickpunkt aus zumindest in den Wintermonaten als geradezu »lebensfeindlich« eingestuft werden können. Die auffälligsten Unterschiede zum Flachland finden ihren Ursprung im rauhen Klima der Bergwelt: Kälte und Schnee halten sich im Gebirge länger als in tieferen Lagen. Je höher die Lage, desto tiefer ist die durchschnittliche Jahrestemperatur. Zwar gilt für einen Höhenanstieg von 100 Metern »nur« ein durchschnittlicher Temperaturabfall von 0,6 Grad Celsius. Summiert bedeutet dies aber für eine Höhenlage von 2000 Metern immerhin 12 Grad weniger im Mittel als auf Meereshöhe, was mit erheblichen Auswirkungen auf alles Leben am Berg verbunden ist.

Sparsames Wachstum

Weil Pflanzen zum Wachsen Wärme benötigen, verkürzt sich die Vegetationsperiode mit steigender Höhe. Pro 100 Meter höherer Lage rechnet man eine Woche weniger Pflanzenwachstum, so daß es in Hochlagen niemals zu einem üppigen Pflanzenwuchs kommt. Die meisten Pflanzen brauchen eine gewisse, arteigene Mindestdauer an Tagen mit einer für sie nötigen Wachstumswärme, um bestehen zu können. Vertikal, das heißt mit steigender Höhenlage verändert sich somit die Pflanzenzusammensetzung der Vegetation, am auffälligsten an der Baumgrenze zu ersehen. Sie liegt in etwa dort, wo die durchschnittliche Temperatur von fünf Grad Celsius an mindestens 100 Tagen erreicht wird.

Auf der anderen Seite gibt es durch die vergleichsweise sehr trockene und staubarme Luft im Hochgebirge eine höhere Strahlungsintensität und damit extrem hohe Temperaturen bei Sonneneinstrahlung.

Temperaturschwankungen

Dies wiederum führt zu extremen Schwankungen zwischen Tag- und Nachttemperatur. Temperaturunterschiede von 70 Grad und mehr zwischen Mittags- und Nachttemperatur sind bei Höhenlagen ab 2500 Meter keine Seltenheit.

Zudem hängt die Strahlungsintensität natürlich von der Himmelsrichtung der Hanglage, der sogenannten Auslage oder Exposition ab. Je nach Lage eines Hanges in Bezug auf Sonneneinstrahlung wie auch Licht, Wind und Niederschlägen können große klimatische Unterschiede innerhalb geringer Entfernungen auftreten. Messungen zum gleichen Moment auf der Südseite eines Grads ergaben zum Beispiel zwanzig Grad Wärme, während auf der Nordseite, nur einige Meter weit entfernt zwei Grad Kälte herrschten [NACHTIGALL, 1986].

Klimaunterschiede auf kürzeste Entfernung

Desweiteren sind besonders die Nordalpen durch starke Niederschläge gekennzeichnet. Auch hier können innerhalb kurzer Distanzen Unterschiede herrschen, je nachdem, ob man an der niederschlagsarmen Leeseite oder an der Wetterseite, der Luvregion, wo es regelrecht abregnet, die Messungen durchführt.

Wichtigen Einfluß auf das Leben im Gebirge haben außerdem die relativ starken Winde. Viele Pflanzen des Hochgebirges entziehen sich den mit Bodenentfernung zunehmenden Windgeschwindigkeiten durch besonders niedrigen Wuchs.

Lebensräume für Spezialisten

So läßt sich, mit diesen wenigen, vielleicht auffälligsten klimatischen Bedingungen leicht darstellen, daß das Überleben von Pflanzen und Tieren im Hochgebirge ein Höchstmaß an Anpassung verlangt. Aus den wenigen angeführten der zahlreichen Besonderheiten des Gebirgsklima geht bereits hervor, daß innerhalb geringer Entfernungen sehr starke Unterschiede durch das Expositionsklima zustande kommen können. Weil Pflanzen den kleinklimatischen Gegebenheiten nicht wie Tiere im Tages- und Jahresverlauf ausweichen können, sind krasse Unterschiede in der Pflanzenzusammensetzung innerhalb kurzer Entfernungen für das Hochgebirge charakteristisch. Das betrifft sowohl die vertikale Zonierung, als auch die Besetzung der verschiedenen durch das Bergrelief bedingten Nischen auf gleicher Höhenstufe. Auf engstem Raum kann es so zu einer Ansammlung verschiedenster Spezialisten unter den Pflanzen kommen.

Überleben durch optimale Lebensraumnutzung

Hohe Anpassung, wenn auch auf andere Art, zeichnet auch die typischen Gebirgsbewohner unter den Tieren aus. Krasses Beispiel bietet das Murmeltier mit seinem rund acht Monate dauernden Winterschlaf, während dessen Pulsfrequenz und Temperatur auf »Sparflamme« fahren. Die größeren Pflanzenfresser wie unser Gamswild müssen den Unbillen des Winters auf andere Weise trotzen. Zu ihrer Art von Anpassung gehört eine hohe Mobilität, die es ermöglicht, das kaum üppige Pflanzenwachstum verschiedener Höhenlagen sowie verschiedener Hanglagen optimal auszunutzen. Vertikale Wanderungen im Zuge der Äsungssuche, aber auch als Ausweichen auf Störungen oberhalb der Baumgrenze durch Touristen, Flugsportler et cetera sind für Gamswild ebenso arttypische Anpassungsmechanismen wie der Winterschlaf von Bilchen und Murmeltier. Die Bezeichnung »Waldgams« und die wahllose Bejagung der im Wald einstehenden Gams geht an dieser Tatsache vorbei.

Schutzbedürfnis zählt ebenso wie Hunger

Die vertikalen Wanderungen müssen das Gamswild übrigens nicht immer bei Schnee in tiefere Lagen führen. Bei bestimmten Wetterlagen wird der eisige, feindselige Wind im Winter ein Verbündeter, weil er Grate und Hänge von Wind freifegt und die frostkonservierte Äsung zu Tage fördert. Wichtig bei der Äsungssuche ist aber stets das Sicherheitsbedürfnis. Die besten Äsungsplätze können nicht genutzt werden, wenn eine reelle (Jäger) oder vermeintliche Gefahr (Touristen, Sportler) damit verbunden ist. Auch im Fluchtverhalten stellt sich das Gamswild auf die verschiedenen Formen der Höhenstufen ein. Schutz suchen Gams vorwiegend entweder in unzugänglichen Felsen oder im dichten Latschengürtel.

Neben Äsung und Schutzbedürfnis vor Feinden spielt auch der Schutz vor Kälte und die Kälte verstärkenden Winde eine bedeutende Rolle im Überlebenskampf jeder

Im Treiben

Bergwildart. So gehören windgeschützte Plätze ebenso zum Überlebensrepertoire erfahrener Stücke, wie die Kenntnis von Äsungsplätzen bei extremen Wettersituationen. Auch hier kann der Mensch durch Störung auf solchen Plätzen oder durch Abriegeln des Zugangs zu Windschutzflächen ganz erhebliche negative Folgen in der Energiebilanz verursachen, ohne daß er diesen Einfluß wahrnimmt.

Soziale Regeln als Ergebnis der Umwelt-Anpassung

Erst in den letzten Jahren betrachtet man auch die soziale Organisation hochentwickelter Arten als Teil der Anpassung des Wildes an seine Umgebung. Beim Gamswild ist dies aus folgenden Gründen ein offensichtlich lebenswichtiger Bestandteil einer Population. Die Brunft fällt in die Monate November und Dezember und damit in den beginnenden Winter. Zum typischen Brunftverhalten der Böcke gehören sehr energieaufwendige Hetzjagden, die besonders zwischen unverträglichen Platzböcke und sich nähernden Rivalen stattfinden. Daneben obliegen den Böcken die Kontrolle der Geißen nach Brunftigkeit, der Beschlag und wiederum die Suche nach weiteren Geißen in anderen Einständen des Berges. Die Gamsbrunft ist deshalb eine Zeit besonders hoher Mobilität der Böcke. Schnee und die zu bewältigenden Höhenunterschiede fordern sehr viel Energie zu dieser Zeit, doch nach dem Ende der Brunft gibt es für die Böcke keine Erholung im Schlaraffenland, da dann der Hochgebirgswinter seine Forderungen stellt.

Lebenswichtige Entscheidungen der Brunftböcke

Für Gamswild gilt es deshalb mehr als für andere heimische Schalenwildarten, sehr genau die Energie abzuwägen, die ein Individuum in die Fortpflanzung investiert. Zuwenig Mobilität kann einen Gamsbock um den Erfolg bei der Brunft bringen, zuviel Aktivität kann ihn so erschöpfen, daß er im anschließenden Winter zugrunde geht. Wo immer eine Tierart vor solchen extremen Entscheidungen von Energieinvestitionen steht, erwartet man aus der Sicht der Evolutionsbiologie, daß sich im Laufe der vielen Generationen optimale »Strategien« herauskristallisieren, die dann das arttypische soziale Verhalten bestimmen.

Die lange Reifezeit des Gamswildes – eine soziale Anpassung

Beim Gamswild gehört dazu die verhältnismäßig lange Reifezeit. Geißen setzen in der Regel erst ab dem dritten bis fünften Lebensjahr ein Kitz, während zum Vergleich die meisten Rehgeißen bereits als Schmalrehe erfolgreich beschlagen werden. Auch die Böcke kommen erst spät dazu; am Brunftgeschehen aktiv teilzunehmen. Dies hängt aber nicht von der Zeugungsfähigkeit sondern von der Zusammensetzung des Bockbestandes ab. Studien an unbejagten Abruzzengams zeigten, daß in natürlich zusammengesetzten Beständen Böcke erst ab dem achten und neunten Lebensjahr zum Zug kommen und spätestens mit dem dreizehnten Jahr keine entscheidende Rolle mehr zu spielen vermögen. Sind genügend Böcke in jenem Altersabschnitt vorhanden, halten sie dank ihrer für jene Altersstufe kennzeichnenden körperliche Stärke die jüngeren Böcke davon ab, sich vorzeitig im Brunftbetrieb zu verausgaben, anstatt ihre Energie in weiteres Wachstum zu investieren.

Geißen brauchen reife Böcke

Das Vorhandensein genügend reifer Böcke ist aber auch für die Geißen von entscheidender Bedeutung. Liegt es an der Unerfahrenheit oder an der geringeren körperlichen Stärke, den genauen Mechanismus kennt man nicht, aber Geißen lassen sich von älteren Böcken eher beschlagen, als von jungen. Evolutionsbiologisch ist es verständlich. Ein reifer Bock hat bewiesen, daß er zu überleben versteht, der Samen eines erprobten Individuums ist daher begehrenswerter als der eines jüngeren. Eine kurze Brunft mit im Folgejahr rechtzeitig gesetzten Kitzen ist nur zu erwarten, wenn genügend reife Böcke für den Beschlag sorgen.

Die besondere Verantwortung bei der Jagd im Gebirge

Für den Jagdbetrieb im Gebirge bedeutet dies, daß die Art des Jagens, welche Tiere man erlegt, wann und wie stark man beunruhigt, ungeahnte Folgen haben kann, die weit über der bloßen Entnahme bestimmter Stücke liegt. Um wiederum unser Murmeltier als Beispiel anzuführen: Der Abschuß eines alten Bären vor einem Familienbau kann dazu führen, daß die Jungtiere, die im Bau in der Mitte von älteren eingerahmt schlafen, im Winter erfrieren, weil einer der »heizkräftigsten« Familienmitglieder der ökologischen Unwissenheit des Jägers zum Opfer gefallen ist.

Nicht minder krass kann sich die Bejagung beim Gamswild über das Sozialverhalten auf die Güte des Bestandes

Biologisch orientierte Gamsjagd

auswirken. Ein zugunsten der Geißen verschobenes Geschlechterverhältnis, aber auch ein gestörter Altersklassenaufbau mit zuwenig reifen Böcken führt unweigerlich dazu, daß sich die wenigen jungen Böcke verausgaben und im folgenden Winter eingehen. Belegt hat dies der Biologe JOHANNES BAUER an seinen Studien der Gams in den Vogesen. Er konnte aufzeigen, wie allein durch undisziplinierten Bockabschuß in der Mittelklasse das gesamte Sozialgefüge zur Brunft auseinanderfällt, die verbliebenen Böcke übermäßig gefordert werden, in der Folge starke Winterverluste erleiden und überdies ein rechtzeitiges Beschlagen der Geißen nicht mehr gewährleistet wird. Der Abschuß zuvieler Mittelklasseböcke kann einen Gamsbestand eher ruinieren, als ein zu hoher Abschuß in der weiblichen Klasse. Ob der sogenannte »Zweier-Bock« (mittlere Altersklasse) jetzt wünschenswerte Krucken hat oder nicht, spielt biologisch überhaupt keine Rolle. Wichtig ist, daß er körperlich gesund ist und somit verspricht, in die Klasse der reifen Böcke aufzusteigen. Wer seinen Bockbestand nach Krucken bereits in der Mittelklasse aussortiert, riskiert nicht genügend reife Böcke für einen biologisch optimalen Brunftablauf im Revier zu haben.

Die Qualität der Bejagung an der Störung messen

Aber auch der disziplinierte Selektionsabschuß im Geißenrudel kann unvorhersehbare Auswirkungen auf die Kondition des Scharlwildes haben. Wegen der extremen klimatischen Bedingungen im Hochgebirge sind größere Rudel gezwungen, ihre Äsungsgründe je nach Wetterlage und Jahreszeit aufzusuchen. Bei vorwinterlichen Einbrüchen im Spätsommer und Herbst wissen alte Geißen aus Erfahrung, wo sie Äsung finden. Fast in jedem Revier weiß ein schlauer Jäger, wo die Gams zu finden sind, »wenn der Schnee sie runter druckt«, was auch nicht schwierig ist, denn in der Regel sind diese Ausweichquartiere nur beschränkt vorhanden. Eine Bejagung in diesen Gebieten zwingt den Rest des Rudels gegen alle energetischen Grundsätze wieder in die

Zwei etwa gleichalte, 5- und 6-jährige Geißen; die eine »kugelrund« und gesund, aber mit schlechter Krucke, die andere abgekommen, aber mit »zukunftsträchtiger« Krucke. Wer sich nur an Punkten orientiert, ruiniert schnell den Bestand!

Äsungsplätze werden aufgegeben

unwirtlichen Regionen auszuweichen. Eine wiederholte Bejagung innerhalb kurzer Zeit kann zur Aufgabe eines wertvollen Äsungsplatzes führen. Ein starker Eingriff in die jagdgesetzlich festgelegte Reifeklasse der Geißen kann zu verheerenden Folgen für das Scharlwild führen, weil zu wenig erfahrene Stücke zur Führung des Jungwildes vorhanden sind.

So kann ein sauberer Scharlwildabschuß, der bei der Trophäenschau gelobt und bewundert wird, zum starken und der grausamen Bergnatur zugeschriebenen Verlust zahlreicher Kitze, deren Geißen vorzeitig trocken fielen, geführt haben.
Anhand dieser Beispiele soll nicht die Freude an der Gamsjagd genommen werden, vielmehr Freude an einer biologisch ausgerichteten Bejagung geweckt werden, die im Gebirge vielleicht mehr verantwortliches Denken fordert, als in Jagdgebieten, in denen weniger extreme Umweltbedingungen herrschen.

Von Rieglern, Treibjagd und dem Einsatz von Hunden auf Gams

Wer sich mit einer wissenschaftlich fundierten Gamsbejagung beschäftigt, kommt nicht daran vorbei, auch einmal das »althergebrachte« Gamsriegeln und andere traditionelle Bejagungsformen näher zu betrachten.
Der Ausdruck »Riegeln« wird nicht ganz eindeutig gebraucht. Einmal wird Riegeljagd als Synonym für Drückjagd verstanden, also dem sehr leisen und vorsichtigen lancieren des Wildes durch wenige Gehilfen, mit meist einem oder wenigen auf bekannten Wechseln abgestellten Schützen. Zum anderen haben die großen traditionellen Treibjagden auf Gamswild in Österreich mit vielen Treibern und Schützen seit jeher den Namen »Gamsriegler«.

Nach Fuschelberger: Vorsichtig lancieren

Im bekannten Fuschelberger (Das Gamswild, F.C. Mayer Verlag, verschiedene Auflagen) wird dagegen streng dem deutschen Sprachgebrauch nach unterschieden. Fuschelberger läßt als »Riegler« nur das vorsichtige Lancieren gelten, das vorwiegend auf Feistböcke ausgeübt wird, die ihren Einstand so gewählt haben, daß man ihnen anders nicht beikommt. Das zugeriegelte Stück soll dabei nicht merken, daß es verfolgt wird, sondern von einer zufälligen Störung aus gehen.
Die großen Gesellschaftsjagden auf Gamswild werden dagegen als Treibjagd bezeichnet. Hier wird mehr oder minder laut getrieben und das Wild flüchtet aus Angst,

verfolgt zu werden. Die großen, zum Teil noch in Österreich durchgeführten »Gamsriegler« sind im Grunde genommen nach unserem jagdgesetzlich festgeschriebenen Sprachgebrauch Treibjagden, allein schon von der Zahl der Teilnehmer her.

Am wenigsten verträgt Gamswild die Jagd mit Hunden

Eine dritte Variante ist die Jagd mit freilaufenden Hunden, eigentlich das Brackieren auf Gams. Auch diese Jagdmethode gehört der Vergangenheit an und war vormals in Österreich, zum Beispiel in Kärnten sehr beliebt. Bereits KELLER, der 1885 die erste Gamsmonographie veröffentlichte, wußte aber, daß die Jagd mit Hunden auf Gams nicht zu empfehlen ist.

Anders als Rot- und Rehwild reagieren die Gemsen mit panikartiger Flucht auf das Auftauchen von Hunden. Eine wiederholte Störung dieser Art führt zur Aufgabe des Einstandes. Heute weiß man unter Brackenjägern, daß man diese Jagdart selbst auf den Hasen dort, wo das Gamswild steht, aus Rücksicht auf die Gams nicht ausübt. Die Tatsache, daß Gamswild in den Vor- und Mittelgebirgen verschwunden ist, mag ein Indiz dafür sein, daß es in der Auseinandersetzung mit Raubverfolgern wie Wolf, Luchs und Mensch mehr auf den Trumpf »Überleben in extremen Bedingungen«, also auf Rückzug in unwirtliche, alpine Gegenden, als in die Entwicklung von intelligenten Feindvermeidungsstrategien gesetzt hat. Der Volksmund, der es sich manchmal leicht macht, aber nicht wenig treffend charakterisiert, sagt einfach, die Gams sind zu dumm, um Hund, Wolf oder Luchs zu ertragen.

Sauber geriegelt – ein Gesellenstück der Bergjagd

Zur Durchführung der Gamsriegeljagd ist – wie bei jeder anderen Bewegungsjagd auch – die Kenntnis des Reviers, der Wildwechsel und der für die Treiber möglichen Wege die oberste Voraussetzung. Als Besonderheit gilt vielleicht, daß man Wechsel und Einstände für bestimmte Wetterlagen kennen muß, weil aus genannten Gründen vertikale und horizontale Wanderungen zu den besten Äsungsplätzen, zu günsti-

gen Einständen beim Gamswild noch mehr zur Überlebensstrategie zählen, als bei anderem Schalenwild.
Eine weitere Besonderheit dieser Wildart ist seine Neigung, sich in Felspartien zu flüchten oder bei Gefahr von oben im dichten Latschengürtel Zuflucht zu suchen.

Auf Felspartien hintreiben und Engpässe abstellen

Triebe von Waldstücken werden also so angelegt, daß man zu Felspartien hin treibt und vorhandene Engpäße abstellt. Triebe oberhalb der Baumgrenze müssen frei von Latschengürteln sein, da sich das Gamswild dort steckt und nur mehr schwer von den Treibern herausgebracht werden kann. In Revieren mit Riegeltradition gibt es für bestimmte Wettersituationen verschiedene Triebe des gleichen Revierteiles. Die Treiber können dabei Kilometer zurücklegen. In den früheren Großrevieren war ein Zutreiben am Vortag der Jagd aus entlegenen Bergtälern keine ungewöhnliche Maßnahme.
Ziel des Triebes ist es stets, wie bei den meisten Bewegungsjagden, das Wild zu bestimmten Engpäßen, zu Zwangswechseln zu drücken, wo mit einer geringen Anzahl von Schützen abgestellt werden kann. Wer je in die Verlegenheit kommt, so einen Riegler zu planen, tut gut daran, eventuell alte, pensionierte Berufsjäger nach dem Verlauf früherer Jagden zu befragen. Meist bleiben die Wechsel und Zwangswechsel über Menschengenerationen bestehen.

Gamsriegler und Pirsch, biologisch betrachtet

Wie alle Bewegungsjagden kann auch die Gamsriegeljagd als großen Vorteil gegenüber der Pirsch die Bündelung des Jagddrucks, der jagdlichen Beunruhigung als Vorteil für sich beanspruchen. In Revieren, in denen der Gamsriegler zur meisterlichen Tradition ausreifen durfte, geht man gar soweit, Revierteile nur alle drei, höchstens zwei Jahre jeweils einmal mit einem Riegler zu beunruhigen.
Gegenüber der Pirschjagd ist das ein immenser Vorteil. Man denke an ein großes Revier mit 50 Stück Gamswildabschuß jährlich. Niemand wird so vermessen sein

Nicht jede Pirsch ist erfolgreich für den Gast

anzunehmen, daß jede Pirsch erfolgreich sein wird. In gut besetzten, gepflegten Jagden rechnet man, einen Gast innerhalb von drei Tagen zu Schuß zu bringen. Der Jagdherr selbst nimmt es in der Regel noch genauer mit der Auswahl eines passenden Stückes, er ist ja weniger unter Zeitdruck, als der Berufsjäger mit dem Gast. Nehmen wir also im Schnitt drei Pirschgänge pro erlegtem Stück, dann bedeutet dies 150 mal Jagddruck (bei großen Revieren oft mit verschiedenen Jagdpartien in verschiedenen Revierteilen am gleichen Tag), 150 mal Verpesten wertvoller Äsungsflächen mit menschlichem Gestank, Auslösen von Fluchtreflexen und so weiter.

Für das gleiche Revier wäre die Aufteilung in Teilflächen mit einer abwechselnden und jährlich einmaligen Bejagung einer oder zwei dieser Flächen die weitaus schonendere Bejagung – vorausgesetzt die Geländestruktur eignet sich dafür. Eine Strecke von 20 bis 30 Stück pro Riegler läge im Bereich des Möglichen. Böcke könnten innerhalb weniger Brunfttage erlegt werden, da sie erfahrungsgemäß bei Treibjagden sehr schwer vor die Büchse zu bringen sind und auch das korrekte Ansprechen dann sehr viel schwerer ist, als beim Brunftbetrieb.

Beim Riegeln fällt vor allem Jungwild

Wie aber sieht die biologische Beurteilung der Streckenzusammensetzung bei Riegler und Pirsch aus? Wie in der Einleitung ausgeführt, kommt der strukturellen Bejagung, das heißt das, was zur Altersklassenzusammensetzung und zum Geschlechterverhältnis führt, eine fundamentale Bedeutung beim Gamswild zu. Auf den ersten Blick kann da der schnell entschlossene Schuß bei der Riegeljagd mit der extrem selektiven Jagdmethode der Gamspirsch nicht konkurrieren und man möchte deshalb der Treibjagd auf Gamswild die biologische Verantwortung bei der Bejagung absprechen. Die Untersuchungen von Wolfgang Schröder der Altersgliederung der auf Treibjagden erlegten Gams sowie die vergleichende Untersuchung von Einzelabschüssen belehren uns eines besseren. Grob skizziert fallen bei der Treibjagd bei den Böcken hauptsächlich Jahrlinge und junge Böcke bis zum Alter von drei bis vier Jahren, während bei der Pirsch die meisten Böcke aus der (biologischen) Mittelklasse, fünf-, sechs-, sieben und achtjährig erlegt werden. Kein Wunder, denn dies sind Böcke, deren Krucke schon etwas gleich sieht und die kraft ihres sozialen Status am meisten auf »Achse« sind, außerdem im Vergleich zu den reifen Böcken noch ziemlich unerfahren dem Jäger besonderes leicht zum Opfer fallen. Wieviele »Verlegenheitsabschüsse« von geplagten Berufsjägern, die ihren Gast halt doch noch zu Schuß bringen wollten und dies mit der engen Krucke, den niederen Schläuchen oder dem geringen Umfang rechtfertigen, kann man sich ausrechnen. Biologisch gesehen ist der Abschuß körperlich gesunder Mittelklasseböcke, egal wie die Krucke ausschaut, ein Jammer. Bei der Treibjagd dagegen lassen sich mittlere und reife Böcke schwerer ins Treiben bringen als das Scharlwild, zu dem auch die Jahrlingsböcke und zuweilen Jungböcke stoßen. Ein starker Eingriff in die jüngste Klasse aber ist durchaus mit den heutigen Erkenntnissen der Biologie zu rechtfertigen.

Verlegenheitsabschüsse

Bei den Geißen fällt das biologische Urteil pro Riegeljagd und kontra Einzelabschuß noch gravierender aus. Der größte Anteil erlegter Geißen beträgt bei der Drückjagd Jahrlinge, zwei- und dreijährige Geißen – eben jene Stücke die aufgrund ihres Alters biologisch am besten entbehrt werden können. Die Altersgruppen, die für die Reproduktion am wichtigsten sind, bleiben verschont, weil man bei Treibjagden unmöglich führende Geißen schießen kann. Der Schutz der Kitzgeißen aber und zwar vor allem der reifen Geißen im Alter von zehn und mehr Jahren, die wissen wo es Äsung, Windschutz und Lawinengefahr gibt, ist das Kernstück biologisch verstandener Gamshege. Traurig ist da die Analyse der Einzeljagdstrecken mit einem Anstieg der Strecken im Alter von zehn bis fünfzehn jährigen Geißen, – den Juwelen des Scharlwildes.

Jährlinge, junge Geißen

Wer ein bißchen Pirscherfahrung hat, weiß auch, wie schwer für diese Altersgruppe das Ansprechen von gelt und nicht gelt sowie die Zuordnung des richtigen Kitzes ist. Die Frage, wieviele Kitze bei dieser Statistik verwaist oben blieben, wäre auch ein Horrorszenario wert für Tierschützer.

Für und wider im 21. Jahrhundert

Allein von einem biologischen Blickpunkt aus, müßte man großen Gamsrieglern, nach denen vorwiegend junge Stücke erlegt werden und jeweils zwei Jahre lang wieder Ruhe herrscht, also unbedingt den Vorrang geben.

Trotzdem scheint die Zeit der Gesellschaftsjagd auf Gamswild vorüber und die Gamsriegeljagd wird heute als Relikt einer längst vergangenen Zeit betrachtet. Zu recht, denn sie ist an bestimmte Voraussetzungen gebunden, die heute kaum noch erfüllt werden können. Eigentlich ist sie die Jagdart auf Gams, die sich bei großen Besitzungen, riesigen Revieren anbietet. Dann nämlich, wenn in einem Revier hundert Gams und mehr geschossen werden sollen, ist der Aufwand bei der Einzeljagd gar nicht mehr zu bewerkstelligen. Mit der Verkleinerung der Reviere, der Bejagung in immer kleineren Einheiten, kam das Ende der Riegeljagd. Man muß auch verstehen, daß die Pacht von Hochgebirgsjagden fast immer sehr kostspielig ist und es wird wohl wenig Revierinhaber geben, die drei Jahre lang hohen Pachtzins zahlen, um den Abschuß bei einer Gesellschaftsjagd zu erfüllen, bei der sie unter Umständen nicht einmal selbst zu Schuß kommen.

Riegeln als Teil eines vergangenen Lebensstils

Waren früher die Reviere in der Hand weniger Adeliger, für die eine Gesellschaftsjagd mit Verwandten und Freunden aus der gleichen Klasse fest zum Bestandteil eines bestimmten Lebensstils zählte, so sind heute die Mehrzahl der Reviere in der Hand von Geschäftsleuten, Industriellen oder Jagdgenossen, für die das Jagderlebnis am Berg als individuelles Einzelerlebnis gilt, das man bestenfalls einem Freund oder auserwählten Gast zuteil werden läßt. Jagd als gesellschaftliches Ereignis spielt heute im Gebirge kaum noch eine Rolle.

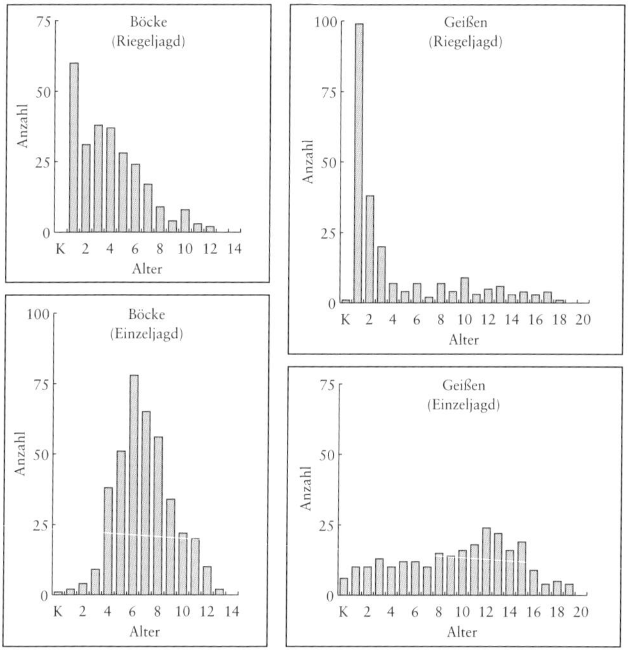

Alterszusammensetzung der Strecke bei der Riegeljagd (oben) und der Einzeljagd (unten).

Mit Veränderung der sozialen Strukturen sind aber auch weitere Voraussetzungen für die Gamsriegeljagd verloren gegangen, die deren heutige Durchführung zum Beispiel auf Hegeringebene nahezu illusorisch erscheinen lassen. Wichtiger Bestandteil einer perfekten Riegeljagd, war das Vorhandensein von genügend fachkundigem Personal. Die Treiber mußten nicht nur berggewandt sein, sie mußten auch das Revier, die Wechsel und Einstände kennen. Die Begleitjäger auf den Ständen mußten schnell und sicher ansprechen und ansagen, so daß Fehlabschüsse vermieden wurden. Kurz, ohne satte Zahl von Berufsjägern ist so eine Jagd nicht zu bewerkstelligen. Man braucht keine Statistik der Zahl beschäftigter Jäger anzufertigen wenn man die Entlohnung, Lohnnebenkosten samt Jagdsteuer kennt, dann weiß man, wie die Entwicklung lief und weiterhin läuft. Schließlich würde

Berggewandte Treiber

Tradition der Vergangenheit. Eine Riegler-strecke aus: F. C. Keller »Die Gemse« aus dem Jahre 1885.

es bei Wiederaufleben der Riegeltradition auch an geeigneten, das heißt gamswild- und drückjagderfahrenen Jägern fehlen, welche neben dem sauberen Schuß einigermaßen sicher beim schnellen Ansprechen sind, denn ohne eine Grundkenntnis nützt auch der beste begleitende Ansager nichts, da selten Einzeltiere vor die Büchse kommen.

So soll man, abschließend gesagt, die schöne Tradition der Riegeljagd dort noch pflegen und erhalten, wo sie lückenlos aufrechterhalten wurde. Wo sie aber einmal verschwunden ist, grenzt der Gedanke an Wiedereinführung an eine nostalgische Sehnsucht, für die wir besser unsere jagdliche Energie nicht verschwenden. Sinnvoller ist es, die Einzeljagd im Gebirge noch mehr nach biologischen Kriterien auszurichten.

Dr. Susanne Linn-Kustermann

Der Einsatz von Jagdhunden

Anforderungen

Grundvoraussetzung für den sinnvollen Einsatz eines Jagdgebrauchshundes bei Gesellschaftsjagden ist, daß er zuverlässig *spurlaut* jagt. Einen spurlauten Hund kann das Wild »orten«, es weiß immer, wo sich der Hund befindet und flüchtet eigentlich nie in kopflos-panischer Flucht. Eine Ausnahme bildet nach meiner Erfahrung das *Muffelwild*, daß wie keine andere Schalenwildart geradezu hysterisch auf Hunde reagiert.

Spur-Fährtelaut

Ausnahme: Muffelwild

Bei Drückjagden auf Muffelwild ist ohnehin zu bedenken, daß es dichte Dickungen meidet – es verläßt sich eben in erster Linie auf seine Lichter – und »durchsichtige« Stangen- und Baumhölzer als Einstandsgebiete bevorzugt. Es ist daher sehr leicht anzurühren und vor die (weit abgestellten) Schützen zu bringen, am besten jedenfalls *ohne Hunde*, da es sonst völlig kopflos flüchtet und dabei auch feste Grenzen seines Einstandsgebietes (wie Straßen, Bäche, Eisenbahnlinien) überfällt.

Härte – Wildschärfe

Gilt die Jagd im wesentlichen dem Schwarzwild, dann ist neben dem Spurlaut auch ein gehöriges Maß an Härte und Wildschärfe notwendig. Prädestiniert für solche Einsätze ist der gut eingejagte *Deutsche Jagdterrier*, der verläßlich spurlaut und eigentlich immer so scharf ist, daß er die Sauen auch aus den dichtesten Dornen- und Ginsterverhauen herausbeißt.

Deutsche Bracken für nahezu jede Form der Bewegungsjagd optimal geeignet.

Die Westfälische Dachsbracke, eine Deutsche Bracke auf kurzen Läufen – daher etwas langsamer als der hochläufigere Vetter

Bracken Auch die Bracken, allen voran die *Deutsche Bracke* und die *Westfälische Dachsbracke*, sind für solche Einsätze hervorragend geeignet. Nicht alle Bracken verfügen über soviel Härte und Wildschärfe, daß sie die Sauen aus überdichten Verhauen herausbekommen. Eine Kombination von Bracken und Deutschen Jagdterriern in einer Meute hat sich da sehr bewährt! Die Bracke ist ein reiner Nasen- und Fährtenhund. Der Jagdterrier ist bei aller Qualität seiner Nase gelegentlich schneller, als es seine Nase zuläßt. Einer Bracke wird es kaum passieren, daß sie die zahllosen Widergänge einer Sau im Schwarzdorn

Der Deutsche Wachtelhund

Die Alpenländische Dachsbracke ist eine anerkannte Schweißhundrasse, sie ist auch ein spur- und fährtelauter Stöberer.

überschießt, sie klebt eben mit der Nase auf der Fährte. Die Bracke wird die Terrier also immer wieder an das Wild heranbringen, bis es diesem schließlich zu dumm wird und es die schützende Dickung verläßt.

Deutscher Wachtelhund

Schwarzwildbracken

Den beiden Deutschen Brackenschlägen gleichwertig sind gut eingejagte *Deutsche Wachtelhunde* und natürlich auch die *Schwarzwildbracken* (Kopov). Deutsche Wachtelhunde jagen häufig nicht so weit wie Bracken, sie bleiben den Sauen also nicht so ausdauernd »auf den Fersen«, so daß diese in sehr weiträumig abgestellten »Treiben« bereits innerhalb desselben sich wieder einschieben. Ein oder zwei klassische Weitjager mit einem gehörigen Schuß altem Schimmelblut sind bei solchen »Wachteljagden« gewiß sehr von Nutzen.

Österreichische Bracken

Die Österreichischen Brackenschläge *Brandl-Bracke*, *Tirolerbracke* und *Alpenländische Dachsbracke* werden verhältnismäßig selten als Helfer bei Gesellschaftsjagden eingesetzt. Sie sind dann aber, wenn sie entsprechend eingejagt und genügend wildscharf sind, den Deutschen Brackenschlägen ebenbürtig. Seit langer Zeit werden die Bracken unserer südlichen Nachbarn jedoch mehr als Solohunde denn als Meutehunde gezüchtet und abgeführt, sie sollen ja auch noch auf der Schweißfährte »ihren Hund« stehen. Und das geht eben nur, wenn man

Der Beagle ist ein spurwilliger, sehr arbeitsfreudiger und spurlauter Stöberer.

sich im jagdlichen Einsatz beschränkt. Ein häufig eingesetzter Stöberer wird niemals ein brauchbarer Schweißarbeiter sein können.

Beagle

Der *Beagle* ist infolge seiner nicht gerade ausgeprägten Wildschärfe für Jagden auf Sauen weniger geeignet, obwohl er – wie die Prüfungsergebnisse belegen – verläßlich genetisch fixierten Spurlaut besitzt. Als Finder in einer gemischten Meute ist er jedoch auch für solche jagdlichen Unternehmungen äußerst brauchbar.

Fox- und Jack-Russel-Terrier

Den Deutschen Jagdterriern gleichwertig sind gut eingejagte *Foxterrier* und auch *Jack-Russel-Terrier*, wenn letztere verläßlich spurlaut jagen, was leider nicht so selbstverständlich ist wie beim Deutschen Jagdterrier. Die weiße Farbe der Fox- und Jack-Russel-Terrier ist für solche Einsätze gewiß besser als das Schwarz-Rot der Deutschen Jagdterrier. Schon mancher Jagdterrier wurde von übereifrigen Schützen als Sau oder – ungesehen – an der Sau festgebissen »miterlegt«.

Kein Bedarf an Neuzüchtungen

Wir haben in Deutschland eine breite Palette sehr brauchbarer Jagdhundrassen, ein Bedarf an Neuzüchtungen oder Verwendung von Kampfhundrassen als Packer besteht nicht. Ob Heide- oder Westfalenterrier, ob Bullterrier oder Rhodesian Ridgeback, entweder schaden wir den langjährigen Bemühungen der etablierten Zuchtvereine um die Verbesserung der jagdlichen Brauchbarkeit dieser Rassen oder wir kollidieren zwangsläufig mit dem Tierschutzgesetz, das klar und eindeutig das Hetzen eines Tieres auf ein anderes untersagt. Der Einsatz jagdfremder, dazu noch stumm jagender Packer wie z.B. Bullterrier auf Sauen hat mit waidgerechtem Jagen nichts mehr zu tun.

Packer

Natürlich bringt auch der *Teckel* als »Zwergbracke« gute Voraussetzungen für den Einsatz als Stöberer und Finder bei Gesellschaftsjagden mit der Zielwildart Schwarzwild mit. Allerdings wünschte man sich da doch den alten »Försterdackel« wieder zurück, der noch auf geraden Läufen stand und gehörigen Bodenabstand hatte. In schwierigem Gelände, bei hohem Schnee oder hindernder Botanik (Brombeere!) ist der Teckel heutiger Zucht rasch überfordert. Gerade der Einsatz am Schwarzwild erfordert ein Dranbleiben des Hundes an der Rotte oder Einzelsau und da stößt der Teckel eben – je nach Geländeverhältnissen – rasch an die Grenzen seiner Leistungsfähigkeit.

Teckel

Foxterrier sind für Bewegungsjagden ebenso geeignet wie andere Terrierrassen aus jagdlicher Zucht. Wenn sie spurlaut jagen und die notwendige Härte besitzen, passieren bei ihnen infolge der auffälligen Färbung viel weniger »Druckfehler«.

Vorstehhunde Häufig werden unsere großen *Vorstehhunde* bei solchen Saujagden als Finder und Packer eingesetzt. Sie sind jedoch den für solche Einsätze besser geeigneten kleineren Rassen im Regelfall unterlegen. Zum einen sind sie nicht immer spurlaut – was bedeutet, daß das in der dichten Dickung gejagte Stück fast immer stumm verfolgt wird, und zum anderen sind sie infolge ihrer Größe meist zu schnell, was wiederum das Wild zu kopfloser Flucht veranlaßt. Sind solche großen Vorstehhunde auch noch sehr wildscharf, so kann es durchaus zu Szenen kommen, die

Verbotene Hetzjagd eine tierschutzkonforme Jagd (Hetzjagd) doch sehr in Frage stellen. Schwache Frischlinge werden gegriffen und totgebissen, ebenso manches Stück Rehwild, das in unseren »vergatterten« Revieren nicht schnell genug vor den Hunden vom Zaun weggekommen ist.

Nichts ist gegen den gelegentlichen Einsatz einzelner Vorstehhunde mit Vertretern anderer Rassen zusammen bei solchen Saujagden zu sagen, wenn diese verläßlich spurlaut und nicht zu schnell jagen. Es kann aber nicht angehen, daß in solchen Jagden ein Ersatz-Einsatzgebiet für diese Hunde gesucht wird, weil Hase und Rebhuhn als beinahe »Rote-Liste-Arten« diesen Hunden keine Arbeitsmöglichkeiten mehr bieten.

Bei Rotwild müssen Hunde dranbleiben Anders sind die Anforderungen, wenn die Jagd beispielsweise dem *Rotwild* gilt. Hier ist nicht so sehr die Wildschärfe gefragt, sondern mehr das unbedingte Dranbleiben am gejagten Wild. Gerade Rotwild versucht die Hunde abzuschütteln. Es ist daher zwingend, daß die Hunde auf der Fährte bleiben und so das Rotwild doch noch zum Verlassen des Einstandes zwingen.

Bracken Prädestiniert hierfür sind wiederum die Bracken (einschließlich des Beagle) und der Deutsche Wachtelhund. Mehr noch als bei den reinen Saujagden ist hier unbedingter Spur- beziehungsweise Fährtelaut der eingesetzten Hunde unabdingbar. Auch der spurlaute Jagdterrier gehört mit in die Kategorie der für solche Rotwild-Drücken brauchbaren Rassen.

Gleiches gilt natürlich auch für den sicher spurlauten Fox- und Jack-Russel-Terrier.

Wildschärfe nicht gefragt

Ist ein reines *Rehwild-Drücken* angesagt, so gilt das beim Rotwild Gesagte in ganz besonderem Maße. Große Wildschärfe ist hier sogar unter Umständen hinderlich. Zwingend ist, daß die eingesetzten Hunde unbedingt spurlaut sind und ein hohes Maß an Fährtewillen haben – also auf der Fährte des angejagten Stückes bleiben. Keine andere Schalenwildart versteht es so gut, durch Widergänge und Absprünge das Verfolgen seiner Fährte zu erschweren.

Beagle gut bewährt

In etlichen reinen Rehwildrevieren hat sich der Beagle für solche Gesellschaftsjagden außerordentlich bewährt. Wichtig ist – und dies gilt in gleichem Maße für Fox- und Jack-Russel-Terrier und für den Teckel – daß diese Hunde aus jagdlicher Zucht kommen und nicht aus Zwingern oder Zuchtvereinen, die großen Wert auf Championate und ähnliches legen, denen aber die jagdlichen Anlagen völlig gleichgültig sind.

Der Beagle aus jagdlicher Zucht bringt für solche Einsätze ideale Voraussetzungen mit: verläßlicher Spurbeziehungsweise Fährtelaut, ausgeprägte Arbeitsfreude und – wenn entsprechend eingejagt – ein hohes Maß an Fährtewillen und Fährtensicherheit. Er hat im Regelfalle keine ausgeprägte Wildschärfe und ist auch immer langsamer als das Reh, so daß es sehr selten zu »Kollisionen« mit dem angejagten Reh kommt.

Fehlender Spur-Fährtelaut

Absolut ungeeignet sind alle Rassen oder Einzelhunde, denen der Spur- beziehungsweise Fährtelaut völlig fehlt. Dazu gehören neben den im Einzelfall stumm jagenden Vorstehhunden die Retriever und auch die Laiki. Stumm jagende Hunde gefährden den Erfolg einer solchen Jagd, weil das Wild den Schützen meist so kopflos schnell kommt.

Bernd Krewer

Planung und Durchführung

Empfehlungen an Jagdreferenten des Bundes und der Länder

Als Einleitung zu diesem Kapitel möchte ich die Empfehlung zur Durchführung von Bewegungsjagden, die von allen Jagdreferenten des Bundes und der Länder erarbeitet worden ist, voranstellen. Der in dieser Empfehlung abgelehnte Einsatz von Meuten muß differenziert betrachtet werden. In großen, wirklich undurchdringlichen Schwarzdornverhauen oder ebensolchen Ginsterfeldern hat der Einzelhund keine Chance, die Sauen zum Verlassen solcher »Dickungen« zu bewegen. Hier muß eine gut eingejagte Meute her.

In zahmen »forstlichen« Dickungen schafft das auch der Einzelhund.

Es ist klar, daß eine solche bundesweite Empfehlung nicht alle Eventualitäten zwischen Flensburg und Garmisch erfassen und abdecken kann. Dennoch enthält sie auch grundsätzliche Dinge, die eigentlich überall Gültigkeit haben.

Effektive Jagdmethode

Die Jagdreferenten des Bundes und der Länder sehen die Bewegungsjagd als eine effektive Jagdmethode an, die dann zu befürworten ist, wenn sie unter geeigneten Jagdbezirksverhältnissen und mit besonderer Sorgfalt und Umsicht geplant und durchgeführt wird. Besonders zu beachten sind Erfordernisse der Sicherheit, des Tierschutzes und der Wildbrethygiene.

Konzentrierte Abschußerfüllung

Bewegungsjagden haben den Sinn, zur Erfüllung des Abschusses die jagdlichen Eingriffe zeitlich zu konzentrieren. Hierdurch können der Jagddruck und damit störungsbedingte Wildschäden reduziert werden.

Als Bewegungsjagden werden heute im allgemeinen großflächig angelegte, oft jagdbezirksübergreifende Gesellschaftsjagden auf Schalenwild bezeichnet. Die kleinräumigere Jagd ausschließlich auf Schwarzwild ist *keine* Bewegungsjagd in diesem Sinn. Das Wild soll, nachdem es in seinen Einständen durch Jagdhelfer oder Hunde beunruhigt worden ist, die weiträumig postierten Schützen möglichst vertraut anwechseln, so daß es richtig angesprochen und sicher erlegt werden kann.

Bei der Durchführung von Bewegungsjagden sollen die folgenden Regeln eingehalten werden; in Einzelfällen können Abweichungen gerechtfertigt sein:

Regeln zur Durchführung einer Bewegungsjagd

- Bewegungsjagden sollten nicht vor Mitte Oktober (Laubfall) und möglichst nicht nach Jahresende abgehalten werden. Ein und dieselbe Jagdbezirksfläche sollte nur einmal im Jahr mit dieser Jagdmethode bejagt werden.
- Bewegungsjagden beinhalten 1 bis 3 Treiben, die regelmäßig nicht länger als 2 Stunden dauern sollen. Wird diese Zeitdauer überschritten, so sind Aufbrechpausen einzuplanen.
- Soweit Hunde eingesetzt werden, sind nur sicher fährtenlaut jagende, niedrige Hunde bis Wachtelhundgröße einzusetzen. Die Zahl richtet sich nach den Jagdbezirksverhältnissen und nach Größe und Verteilung der Einstände. Im Zweifelsfall ist es besser, wenige, aber erfahrene Hunde vorzusehen. Die Hunde sollen einzeln so angesetzt werden, daß sie während des Treibens das Wild einzeln jagen. Hundemeuten werden nicht eingesetzt.
- Der Hundeeinsatz muß so geplant werden, daß ein Überjagen in benachbarte Jagdbezirke nicht vorprogrammiert ist. Die unterschiedlichen »Aktionsradien« der Hunde sowie die Größe und Verteilung der Einstände sind bei der Verteilung der Hunde auf die Jagdfläche zu berücksichtigen. Zur Planung des Hundeeinsatzes gehören auch Vorkehrungen zur tierärztlichen Versorgung eventuell verletzter Hunde.
- Schützenstände sind sorgfältig festzulegen und grundsätzlich zu markieren. Dadurch sollen Sicherheit und Jagderfolg optimiert werden. Im flachen Gelände haben sich erhöhte Stände (insbesondere Kleinhochsitze) bewährt. Des weiteren sind die üblchen Sicherheitsmaßnahmen

zu treffen. Hierzu zählen insbesondere Warnhinweise an Wegen und Straßen, Warnwesten für Jagdhelfer und das Verbot, die Schützenstände zu verlassen.

- Die Freigabe von Wild durch den Jagdleiter muß die Sozialstruktur des Wildes und die Erfordernisse des Tierschutzes berücksichtigen. Ziel muß sein, führende weibliche Stücke nicht vor dem zugehörigen Jungwild zu erlegen.
- Das Wild kann auch ziehend oder im Troll, dann jedoch nur breit beschossen werden. Dabei sind Schüsse zu unterlassen, die nach den gegebenen Umständen keine hinreichende Treffsicherheit erwarten lassen. Rehwild darf nur beschossen werden, wenn es verhofft. Auf offensichtlich angeschossenes Wild ist jeder mögliche Schuß, der der Erlegung dient, abzugeben.
- Für Kontroll- und Nachsuchen müssen qualifizierte Schweißhunde in ausreichender Zahl bereitstehen. Nachsuchen und damit verbundene Maßnahmen sind nur von den von der Jagdleitung beauftragten Personen durchzuführen. Zu Beginn der Jagd ausgegebene Standkarten, auf die die Schützen ihre Beobachtungen eingetragen haben, erleichtern die Nachbereitung der Jagd (Nachsuchen, vorkommendes Wild, Hinweise zur Jagddurchführung).
- Zur Einhaltung der bestehenden wildbrethygienischen Vorschriften muß für fachgerechtes Aufbrechen, ausreichendes Auskühlen und sachgerechtes Tranportieren des Wildes Sorge getragen werden.
- Nicht für alle der vielfältigen Aspekte, die bei Bewegungsjagden von Bedeutung sind, lassen sich allgemeingültige Regeln entwickeln. Es kommt deshalb insgesamt auf ein situationsangepaßtes, verantwortungsbewußtes Handeln aller Jagdbeteiligten an.

Standmarkierung vor der Jagd – hier mit beschrifteten Holzpfählen

Terminplanung

Grundsätzlich gilt, daß man größere Gesellschaftsjagden so früh wie möglich planen und den Termin festlegen sollte.
Zum einen können sich die eingeladenen Teilnehmer so sehr früh auf diesen Termin einstellen, zum anderen hat der Einladende bei Absagen zunächst vorgesehener Teilnehmer die Möglichkeit, andere, zunächst nicht vorgesehene Jäger einzuladen, ohne daß diese den Eindruck bekommen, als Nothelfer der zweiten Garnitur fungieren zu müssen.
Bei Festlegung des Termins für die geplante Jagd ist zu sondieren, ob es bei Terminen an Samstagen oder

Feiertagen irgendwelche landesspezifische gesetzliche Beschränkungen gibt, die beachtet werden müssen.

Vollmondzeiten meiden

Man sollte Vollmondphasen meiden, wenn dies möglich ist. Es kann sonst passieren, daß man für die notwendigen Nachsuchen keinen Schweißhundführer bekommen kann, weil diese allesamt durch Mondnachsuchen anderweitig »ausgebucht« sind.

Absprache mit Hundemeuteführer

Wenn man mit einer Hundemeute jagen will, sollte man auch bei dem »auserwählten« Meutehalter rechtzeitig »buchen«. Dann kann auch der Meutehalter langfristig disponieren. Gute Bracken- oder Terriermeuten sind sehr begehrt und oft schon auf Monate hinaus »ausgebucht«. Der auf den Ruf und die Leistungsfähigkeit seiner Hundemeute bedachte Meutehalter wird nach jedem Jagdeinsatz seiner Hunde ein paar Ruhetage einplanen, die die Hunde auch dringend brauchen.

Das Entgelt für den Einsatz der Meute und die etwaige Unterbringung von Meuteführer(n) und Hunden dann, wenn diese von weither anreisen und übernachten müssen, ist vorzuplanen und festzulegen.

Auch ist vorab zu regeln, wer etwaige Tierarztkosten für die Versorgung der beim Einsatz verletzten Hunde (siehe Seite 147) trägt – der Meutehalter oder der einladende Jagdherr?

Bisweilen – Gottlob selten – kommen Hunde bei solchen Jagden auch ums Leben. Wenn es sich dabei um Haftpflichtfälle handelt, ist die Lage klar. Wenn aber ein Hund am Keiler bleibt – wer ersetzt den Hund?

Trägt der Meutehalter das Risiko alleine oder wird eine Kostenbeteiligung des Jagdveranstalters vereinbart?

Tierarzt mit einladen

Wohl dem, der einen jagenden Tierarzt in seinem jagdlichen Freundeskreis hat. Er sollte ihn unbedingt einladen und ihn bitten, »für alle Fälle« seinen Notversorgungskoffer mitzubringen.

Schon manchem Terrier konnte das Leben gerettet werden, weil der anwesende Tierarzt ihn auf der Kühlerhauben eines Autos zusammennähen konnte.

Zahl und Größe der Treiben

In der Vorplanungs-Phase muß auch schon die ungefähre Anzahl, Größe und Lage des oder der Treiben festgelegt werden und natürlich auch die Wildarten, denen diese Jagd in erster Linie »gelten« soll (ist der Rotwildabschuß bis dahin weitestgehend erfüllt und jagen wir daher hauptsächlich auf Sauen oder gilt diese Jagd auch oder sogar vorzugsweise der Erfüllung des Rotwildabschusses?).

Werden dabei öffentliche Straßen tangiert, oder gehen sogar solche Straßen durch geplante Treiben hindurch?

Verkehrsplanung

In jedem Falle ist es ratsam und notwendig, sich beizeiten mit Polizei und Straßenmeisterei ins Benehmen zu setzen und diese zu informieren (siehe Seite 186). Kann eine solche Straße vielleicht sogar für die Dauer des geplanten Treibens gesperrt werden?

Wer stellt Warnschilder auf?

Ist eine kurzzeitige Geschwindigkeitsbegrenzung auf den von der Jagd tangierten Teilstücken sinnvoll?

Alle diese die Verkehrssicherheit und die Sicherheit vor allem der frei jagenden Hunde berührenden Fragen müssen in Zusammenarbeit mit Polizei und Straßenmeisterei geklärt werden und zwar am besten, bevor der endgültige Jagdtermin festgelegt wird.

Es spricht zwar vieles für den Sonnabend als »klassischen Treibjagdtermin«, einiges aber auch dagegen.

Festlegung auf Termin

Für den Samstag spricht, daß sich niemand für die Teilnahme an einer Wochenend-Jagd Urlaub nehmen muß.

Gegen den Samstag spricht, daß eben auch die Leute frei haben, die man für Umleitungen, Straßensperrungen und ähnliches eventuell dringend braucht.

Wochenende oder »in der Woche«

Auch die Schweißhundführer haben lieber andere Termine. In den Monaten November, Dezember und Januar gibt es praktisch keinen Sonntag, den diese geplagten Zeitgenossen zusammen mit ihren Familien verbringen können.

Die Treibjagdmonate fallen zwar nicht in die klassische Urlaubszeit, es kann aber trotzdem in manchen Regionen an Wochenenden zu Problemen mit der Buchung von Hotelzimmern für die von weither anreisenden Jagdteilnehmer kommen.

Vieles – vor allem die Führerscheine der teilnehmenden Jäger – spricht dafür, die angereisten Jäger in einem Hotel oder Gasthaus unterzubringen, in dem der Jagdherr auch zum Schüsseltreiben einladen möchte. Zwar ist – aus meiner Sicht – die Verbindung Jagd : Alkohol nicht so zwingend, wie die breite Masse der nichtjagenden Bevölkerung dies so glaubt (in vielen Köpfen ist die Assoziation Jagd + Geld + Alkohol eine feste Einheit), man sollte dennoch seinen eingeladenen Jagdgästen die Gefahr eines Alkoholtestes nach dem Schüsseltreiben auf dem Weg ins Nachtquartier mit dem Auto nicht zumuten.

Schüsseltreiben und Alkohol

Steht der endgültige Jagdtermin also fest (Meute- und Schweißhundführer haben zugesagt, Polizei und Straßenmeisterei sind verständigt und haben ihre Hilfe zugesagt und das oder die Hotels, Gasthäuser sind vorgewarnt), dann kann die Vorplanung in ihre »heiße Phase« treten.

Zunächst einmal ist zu klären, ob ein einziges Großtreiben oder mehrere kleine Treiben durchgeführt werden sollen.

Beide Varianten haben gleichermaßen Vor- und Nachteile.

Für ein einziges Großtreiben sprechen folgende Vorteile:

Wie viele Treiben?

Man kann morgens etwas später beginnen und zwingt damit die Teilnehmer von weiter entfernt liegenden Orten nicht zu nächtlichen Anfahrten.

Es gibt keine organisatorischen Probleme zwischen den einzelnen Treiben, alles läuft wesentlich ruhiger und weniger hektisch ab.

Es kann eben nicht vorkommen, daß ein Teil der im ersten Treiben geschnallten Hunde bereits Treiben Nummer zwei oder drei leer gejagt haben, bevor diese überhaupt abgestellt sind.

Vorteile Großtreiben

Es kann auch nicht passieren, daß im ersten Treiben krank geschossenes Wild, das sich im Treiben zwei bereits ins Wundbett begeben hat, dort wieder von Treibern und stöbernden Hunden aufgemüdet und in die graue Ferne gejagt wird.
Ob eines oder mehrere Treiben durchgeführt werden, sollte den eingeladenen Jägern mitgeteilt werden mit dem Hinweis, sich mit entsprechender Kleidung und sonstigen Utensilien (Sitzstock) auszurüsten.
Für mehrere kleinere Treiben spricht lediglich, daß bei nicht so angenehmer Witterung das unter Umständen vier oder fünf Stunden lange Ausharren auf einem Stand entfällt und man sich zwischen den Treiben wieder etwas warm laufen kann.

Abstellen bei Großtreiben

Bei einem einzigen Großtreiben benötigt man entweder mehrere Treiber- und/oder Hundeführerriegen mit intimer Kenntnis der im Großtreiben liegenden Einstände und Dickungen, oder aber man verzichtet ganz auf den Einsatz von Treibern und verläßt sich nur auf die eingesetzten Hunde, die von den einzelnen Hundeführern vom Stand weg geschnallt werden.
Auf diese verschiedenen Möglichkeiten ist schon in vorherigen Kapiteln eingegangen worden.
Ist auch dies geklärt – die Mithilfe der örtlichen Forstbeamten kann hier sehr segensreich sein – geht es an die Arbeit »vor Ort«.

»Äußerer Ring« und Innenstände

Bei einem einzigen Großtreiben hat es sich sehr bewährt, dieses nach außen durch einen äußeren Ring von Jägern dicht abzustellen. Im Inneren des Großtreibens werden dann zusätzlich an Schneisenkreuzen, an Gatter-Zwangswechseln, überhaupt an bekannten Hauptwechseln Zusatzstände geplant und eingerichtet.
Diese Innenstände stellen auch am Jagdtag die Manövriermasse dar. Diese Stände können zwar das Ergebnis optimieren, sie müssen aber nicht unbedingt sein. Absagen von Jägern »in letzter Minute«, die eigentlich für die Außenstände vorgesehen waren, wer-

Niedrig gebaute Drückjagd-Kanzel mit sehr guter Rundumsicht und entsprechender Schießmöglichkeit

den durch Jäger »ersetzt«, für die man eigentlich Plätze »im Inneren« reserviert hatte.

Klassische Hochsitze sind ungeeignet

Klassische Hochsitze jedweder Bauart eignen sich in aller Regel nicht als Stände für solche Treib-/Drückjagden. Besser sind da schon kleine Podeste. Im Kapitel »Jagdliche Einrichtungen« ist darauf näher eingegangen.

Ist man in einem Revier selbst noch verhältnismäßig »neu« und kennt die Wechsel und Wege des Wildes selbst noch nicht so genau, sollte man auf den Bau und Installation solcher »Podeste« so lange verzichten, bis man deren optimalen Standort kennt.

Numerierung der Stände

Auf einer Revierkarte sind zunächst einmal die Stände einzuzeichnen und am besten mit einer Kombination aus Buchstaben und Zahlen zu markieren, die natürlich mit den Markierungen vor Ort im Revier identisch sein müssen.

Die Stand-Nummer B9 besagt, daß dieser Stand der 9. in der Riege B ist.

Markierung der Stände

Es empfiehlt sich, die Standmarkierung im Revier mit Farbspray an Bäumen vorzunehmen. Diese Farbsprays sind so dauerhaft, daß sie sicher bis zur Jagd im nächsten Jahr halten werden.
Dies bedeutet auch, daß wir diese Markierungen im Revier nicht am Vortag der Jagd anbringen, sondern Tage vorher, schon um etwaige Störungen, die den Jagderfolg infrage stellen könnten, auszuschließen.

Riegenführer

Für jede Riege benötigen wir einen sehr revierkundigen Riegenführer! Dieser ist bei der Markierung der Stände mit von der Partie, weiß also genau, wie viele Mannen er benötigt und wo er wen hinstellen soll. Ich bin im Prinzip gegen eine Vorauswahl der Stände und Jagdteil-

Geschossen werden darf nur, wenn ein Kugelfang in Form von gewachsenem Boden vorhanden ist. Hier sieht es so aus, als würde leicht hangabwärts in eine Dickung geschossen werden. Das wäre dann ein fataler Leichtsinn.

nehmer. Aber wenn wir schon unser Revier durch eine solche Großjagd erheblich beunruhigen und durcheinanderwirbeln, dann soll auch das Ergebnis entsprechend sein. Meist kennt man ja seine eingeladenen Jäger, auch deren Schwächen beziehungsweise Stärken, was die

Welcher Jäger auf welchen Stand

Schießkunst angeht. Es macht eben keinen Sinn, einen Jäger auf einen zwar guten, aber nur wenig Schußfeld bietenden Stand zu postieren, wenn wir genau wissen, daß dieser mit den spezifischen Verhältnissen dieses Standes niemals zurecht kommen wird. So werden wir im Interesse eines guten Jagdergebnisses doch um eine gewisse Vorauswahl der Schützen nicht umhin kommen. Auch die Anmarschwege – manche eben und manche dachsteil – bedingen ein gewisses »Vorsortieren« der Jagdteilnehmer nach Alter, Fitness und Geländegängigkeit.

Anschußmarkierung

Der Riegenführer ist auch mit den schon erwähnten Markierungsbändern für etwaige Anschüsse ausgerüstet. Es muß sichergestellt sein, daß jeder Jäger, der geschossen hat, auf seinem Stand auf den ihn abholenden Riegenführer wartet und diesem alles mitteilt, was für eine eventuelle Nachsuche von Wichtigkeit ist und diesem vor allem den genauen Abschuß zeigt.

Versorgen erlegten Wildes

Was manchmal an Aufbrechkünsten durch wenig geübte Jäger geboten wird, grenzt gelegentlich an Leichenschändung. Es ist daher unter Umständen richtig und zweckmäßig, dem Riegenführer und eventuellen geübten Hilfskräften das Aufbrechen zu übertragen.
Dies muß aber vorher angesagt werden.

Aufbrechpause

Bei lange andauernden Großtreiben kann es zweckmäßig sein, etwa in der Hälfte des Treibens eine viertelstündige Schießpause zu verordnen, in der das bis dahin erlegte Wild aufgebrochen werden kann. Die Meuteführer sollten in diesen Fällen in der halben Stunde zuvor versuchen, ihre Hunde an die Koppel zu bekommen. Auch diesen tut eine kurze Ruhepause meist recht gut, und es geht dann mit frischen Kräften wieder weiter.

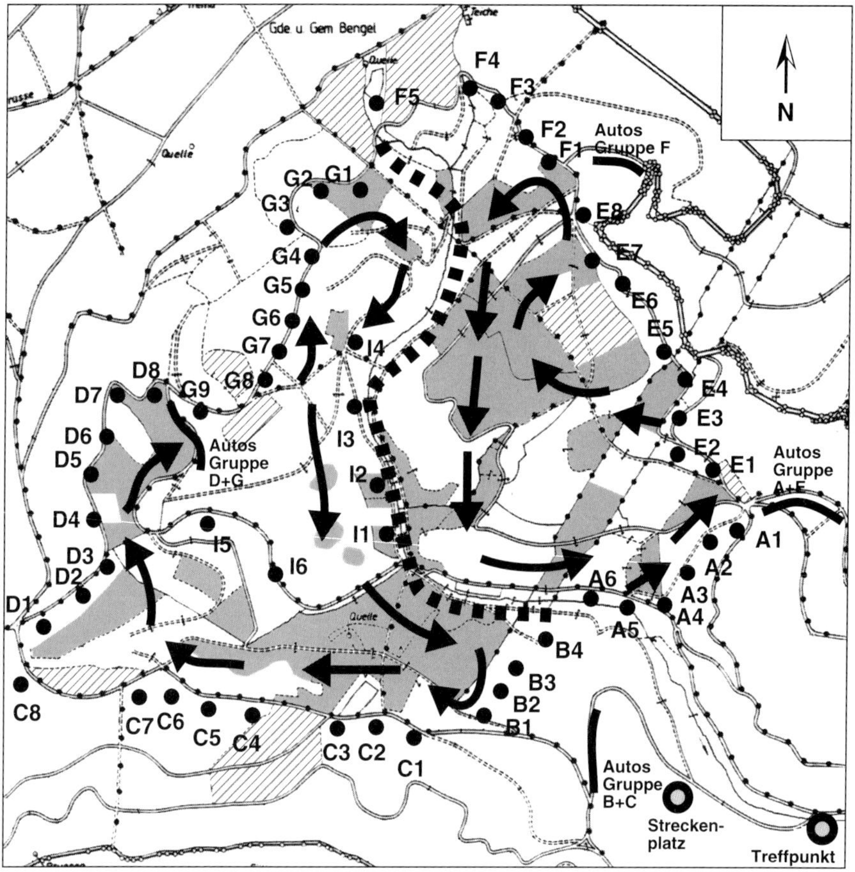

Die dunklen Flächen sind Dickungen (Einstände), die schraffierten Flächen sind Kulturgatter, die umgangen werden müssen, aber auch stellenweise Zwangswechsel bilden, wie bei Stand Nr. F5. – Die Pfeile markieren die Wege der Hundeführer mit ihren geschnallten Hunden. – Die Buchstaben-/Zahlenkombinationen bezeichnen die markierten Schützenstände (A1 oder G6 usw.). Der Buchstabe bezeichnet die Gruppe, zu der der einzelne Jäger eingeteilt wurde, die Zahl die Standnummer innerhalb der Gruppe. – Die gestrichelte Linie ist die Trennlinie zwischen den beiden Hundeführer-Gruppen mit ihren Stöberhunden.

So etwa könnte und/oder sollte eine Jagdeinladung aussehen:

Zu einer Jagd auf Rot- und Schwarzwild
am ... November
lade ich Sie hiermit herzlich ein.

Vorgesehen ist ein einziges großes Treiben von etwa vier Stunden Dauer.
Ich bitte Sie daher, einen Sitzstock mitzubringen und sich bezüglich der Kleidung auf eine so lange Zeit bei möglicherweise niedrigen Temperaturen einzurichten.
Bitte rüsten Sie sich mit einem roten Signalband für Ihren Hut/Mütze aus. Eventuell kann ein solches auch von uns gestellt werden.
Ich bitte, keine Hunde mitzubringen, da eingespielte Meuten im Einsatz sein werden.
Wir möchten Sie bitten, nur Waffen im Kaliber 7 mm oder stärker zu verwenden!
Wir treffen uns auf dem Parkplatz ....bei .... etwa ... Kilometer nördlich der Bundesstraße ...am ... November um 9.30 Uhr*.
Da das Treiben über Mittag hinausgehen wird, bitte ich, für die Verpflegung auf dem Stand selbst zu sorgen.
Zum Schüsseltreiben lade ich Sie um 18 Uhr* in die Gaststätte .... ein.
In Ihrer Antwort bitte ich verbindlich anzugeben, ob Sie daran teilnehmen werden.
Quartierwünsche bitte unmittelbar an das Hotel ....
Jagdschein und Waffenbesitzkarte nicht vergessen!
Antwort erbeten bis ...
Wer nicht zusagt, kommt nicht!

Mit Waidmannsheil!

*) Zeitangaben nur Beispiel

Und dies sollte bei der Begrüßung der Jagdteilnehmer durch den Jagdleiter/Jagdpächter am Beispiel dieser Jagd gesagt werden:

Allgemeine Begrüßung

- Hinweis auf die Sicherheitsbestimmungen, die auf der Rückseite des Jagdscheines abgedruckt sind und die auch für diese Jagd verbindlich sind.
- Hinweis darauf, daß der Riegenführer beim Anstellen Jagdscheine und Waffenbesitzkarte kontrollieren wird
- Maximale Schußentfernung höchstens 60 Meter
  Ausnahmen davon wird der Riegenführer beim Zuweisen des Standes im Einzelfall mitteilen, ansonsten gilt die 60-Meter-Distanz
- Als Kugelfang muß gewachsener Boden vorhanden sein.
  Bäume sind niemals ein ausreichender Kugelfang und erst recht darf kein Schuß in den Horizont abgegeben werden.
- Der Schuß ins Treiben hinein ist im Regelfalle untersagt.
  Ausnahmen nur dann, wenn der Riegenführer dies beim Anstellen im Einzelfall ausdrücklich genehmigt.
- Wer seinen Stand bezogen hat und mit seinen beiden Standnachbarn (sofern er diese sehen kann) Kontakt aufgenommen hat, darf bereits schießen, auch wenn das eigentliche Treiben noch nicht begonnen hat.
- Wegen der Größe des Treibens geht alles nach der Uhr (Uhrenvergleich!), auf Hörner wird bei Beginn und Ende verzichtet.
- Wer geschossen hat, muß nach Ende des Treibens am Stand auf den Riegenführer warten, um diesem eventuell erlegtes Wild oder etwaige Anschüsse zu zeigen.
- Das Treiben beginnt um 10.30 Uhr*. Von 12.30 Uhr* bis 12.45 Uhr* tritt eine Pause ein, in der nicht geschossen werden darf. Sie haben nun Zeit, das von Ihnen bis dahin erlegt Wild an den nächsten Weg zu ziehen und – wenn Sie sich dies zutrauen – auch aufzubrechen.
  Ab 12.45 Uhr* geht es dann in die zweite Halbzeit.
- Um 14.45 Uhr* ist das Treiben beendet
- Jede selbstständige Nachsuche ist zu unterlassen, wir erwarten jedoch, daß Sie sich für die von Ihnen selbst verursachte Nachsuche zur Verfügung stellen. Unsere Schweißhundführer werden entscheiden, ob dieser Anschuß noch heute oder erst morgen gearbeitet werden soll.

*) Zeitangaben nur Beispiel

- Die Strecke wird am bekannten Streckenplatz an der »Unteren Surwiese« gelegt. Wenn Sie diesen Platz nicht kennen, warten Sie bitte in jedem Falle auf den Riegenführer. Dieser wird Sie mit den übrigen Jägern seiner Riege dorthin bringen.
- Bitte versuchen Sie, nach dem Treiben bei Ihnen auftauchende Hunde anzuleinen und bringen Sie diese zum Streckenplatz mit.
- Schauen Sie sich bitte die eingesetzten Hunde an, es sind dies heute überwiegend schwarz-rote Deutsche Jagdterrier, alle haben ein Signalhalsband an und sind für Sie gut zu erkennen.
  Aber es sind auch Deutsche Wachtel und Beagles im Einsatz.

Freigegeben sind:

Rotwild:	Nur Kälber und Spießer unter 20 cm Stangenlänge. Sollte sich Ihnen die Chance bieten, nach Erlegung eines Kalbes das zweifelsfrei zu diesem gehörende Alttier ebenfalls zu erlegen, so sollten Sie diese Chance nutzen. In diesem Falle ist *dieses* Alttier ebenfalls freigegeben.
Schwarzwild:	Frischlinge und Überläufer bis etwa 50 kg (Gewicht aufgebrochen). Die Leitbachen geschlossen wechselnder Rotten sind immer absolut tabu! Einzeln anwechselnde Sauen über 50 kg sind ebenfalls zu schonen. Wer eine Sau über 50 kg erlegt, muß diese zu einem Kilopreis von DM ... erwerben.
Muffelwild:	Freigegeben sind Widder- und Schaflämmer und das zum erlegten Lamm zweifelsfrei zugehörige Schaf. Schüsse auf eng zusammengerudelte Muffel sind zu unterlassen, nur wenn ein Lamm eindeutig frei steht oder zieht, darf geschossen werden.
Rehwild:	Freigegeben ist weibliches Rehwild und Bockkitze. Auch hier gilt, was schon beim Rotwild gesagt wurde: wenn das oder die Kitze erlegt sind, dann ist in diesem Falle auch die zugehörige Ricke frei, vorher nicht! Bitte nur auf stehendes, also verhoffendes Rehwild schießen, keine Schüsse auf flüchtige Rehe!

Fuchs

Ich wünsche Ihnen einen schönen, erlebnisreichen Jagdtag und uns eine gute Strecke. Waidmannsheil!

Begrüßung der Jagdteilnehmer am lodernden Holzfeuer. Vor lauter Vorfreude auf einen schönen Jagdtag darf nicht vergessen werden, genau zuzuhören, auf welche Wildarten gejagt wird und was freigegeben wird!

Nun erfolgt die Aufteilung der teilnehmenden Jäger auf die einzelnen Riegenführer gemäß der Vorauswahl nach Ansprechvermögen auch auf engen Schneisen, Schießkunst und Geländegängigkeit (was wir den Schützen natürlich nicht unbedingt sagen müssen!).
Um ein Chaos zu vermeiden, lassen wir jede Riege geschlossen abfahren, ehe wir die nächste aufrufen.
Es ist vorher abgesprochen, wieviele Fahrzeuge wir für jede Riege benötigen, ob dies »Normalautos« oder Geländefahrzeuge sein können oder müssen. Wir drängen darauf, daß die notwendigen Autos auch weitestgehend »ausgelastet« sind und nicht jeder Teilnehmer alleine in seinem Fahrzeug losfährt.
Nach der Uhr geht das Treiben los.

Hundeeinsatz

Die Meuteführer schnallen ihre Hunde (oder auch nur einen Teil davon, um für die zweite Hälfte des Treibens noch ein paar frische Hunde zur Verfügung zu haben. In

Auswechseln von Hunden

diesem Falle muß das oder die Autos der »Meutemannschaft« so postiert sein, daß diese in der »Halbzeit«, wenn aufgebrochen wird, Hunde auswechseln können: die älteren, bereits müden Krieger werden in ihre Boxen gesteckt und die frischen Hunde kommen zum Einsatz) und drücken nach dem vorher genau ausgearbeiteten Plan die vorgesehenen Dickungen durch. Bei nicht intimer Kenntnis des vorgesehenen Treibens muß ein Ortskundiger mitgehen!

Das Treiben ist »gelaufen«, es ist 14.45 Uhr.

Der Jagdleiter hat dafür gesorgt, daß am Streckenplatz ein oder zwei große Holzfeuer lodern und daß auch Sitzgelegenheiten in Form von Bänken oder ähnlichem, vorhanden sind, auf denen sich die älterenJagdteilnehmer ausruhen und das Anliefern der Strecke abwarten können.

Ein »Marlboro-Keiler«, dem die Waffen zigarettenlang aus dem Gebrech schauen!

Einsammeln und Legen der Strecke

Der Jagdleiter hat dafür gesorgt, daß Trecker mit Anhänger bereit stehen, die nun nach Einweisung durch die Riegenführer das erlegte und versorgte Wild einsammeln und auf dem vorbereiteten Fichtenbett gerecht Strecke gelegt wird.
Genügend Brüche einer bruchgerechten Baumart liegen bereit, damit die Hüte der erfolgreichen Jagdteilnehmer auch entsprechend geschmückt werden können.

Verblasen der Strecke

Die Riegenführer haben dem Jagdleiter gemeldet, wer von »seinen« Jägern was erlegt hat. Die Brüche werden vergeben und die Strecke von den Jagdhornbläsern verblasen.

Wildverwertung

Der Jagdleiter fragt, ob eventuell Jagdteilnehmer daran interessiert sind, Wild zu erwerben. Die Erleger sollten stets bevorzugt bedient werden. Man sollte jedoch auch dann dem Erleger »sein« Wild aufnötigen, wenn dieses sehr zerschossen und möglicherweise dadurch »handelsuntauglich« geworden ist.
Das Wild wird zum Kühlhaus gebracht, dort – wenn es geht – mit Leitungswasser ausgespritzt und in die Kühlung gehängt.
Möglicherweise haben wir uns bereits vorher mit unseren bekannten Abnehmern in Verbindung gesetzt und wissen bereits, wohin das erlegte Wild vermarktet wird.

Schüsseltreiben

Man trifft sich – alle sind gesund und munter und alle Hunde haben sich wieder eingefunden – zum Schüsseltreiben, das nicht unbedingt in ein wüstes Saufgelage ausarten muß. Wenn Hunde noch fehlen, wird der Meutehalter dankbar sein, wenn sich ortskundige Jagdteilnehmer bereit finden, diese mit dem Meuteführer zu suchen.

»Jagdkönig« ist Geschmacksache

Ob ein Jagdkönig gekürt wird, ist Geschmacksache. Ich persönlich halte die manchmal arg verkitschte Krönung für nicht mehr zeitgemäß, zumal es auch nicht jedermanns Sache ist, Lokalrunden »zu schmeißen«. Ich habe manchmal den Verdacht, daß dies der eigentliche Hintergrund für die Krönung des Jagdkönigs überhaupt ist.

Nachsuchen Ausgeschlafen und mit 0,0% Alkohol im Blut machen sich die mit Organisation und Strecke hochzufriedenen Jagdteilnehmer am nächsten Morgen auf den Heimweg – bis auf diejenigen, die Wild krankgeschossen haben und natürlich sich mit dem Schweißhundführer zur Nachsuche treffen.

Bernd Krewer

Nachsuchen auf Schalenwild

Nachsuchen haben eine Menge mit Tierschutz zu tun. Wir Jäger haben die gesetzliche, aber vor allem die ethisch-moralische Verpflichtung, krank geschossenes Wild nachzusuchen und die durch den schlechten Schuß verursachten Schmerzen und Leiden rasch zu beenden.
Die Hunde, die den ganzen Tag frei gestöbert und gejagt haben, sind für nahezu jede noch so einfache Nachsuche absolut ungeeignet! Ein Hund, der infolge Erschöpfung stark hecheln muß, ist zu filigraner Nasenarbeit nicht mehr in der Lage.
Der Jagdherr, der eine große Gesellschaftsjagd ausrichtet, muß sich daher rechtzeitig um geeignete Nachsuchengespanne bemühen. Da die wirklich guten und daher meist weit bekannten Schweißhundführer oft schon im Frühherbst für den Rest des Jagdjahres »ausgebucht« sind, empfiehlt es sich, sich sehr frühzeitig mit dem oder

Nachsuche ist praktischer Tierschutz. Eine sorgfältige Untersuchung des Anschusses ist oft die halbe Ladenmiete, sie vermittelt dem Hundeführer Erkenntnisse darüber, ob er sich auf eine Hetze oder auf eine kurze Totsuche einstellen muß.

den Schweißhundführern in Verbindung zu setzen und sie fest einzuplanen. Bitte aber nicht nur für den Folgetag, sondern auch als Teilnehmer an der Jagd selbst.

Schweißhundführer mit einladen

Ich empfinde es als eine – gelinde ausgedrückt – Zumutung, wenn ein Jagdherr oder Jagdleiter einen Schweißhundführer anruft und ihn bittet, sich am Tag X für etwaige Nachsuchen zur Verfügung zu halten, weil in seinem Revier am Tag zuvor eine größere Gesellschaftsjagd stattfinden würde!

Nachsuchen im Zusammenhang mit Gesellschaftsjagden sind in aller Regel für Hund und Führer sehr viel schwerer als »normale« Nachsuchen, die bei der Einzeljagd passieren können.

Gesellschaftsjagd-Nachsuchen sind schwieriger

Das beschossene Wild hat einen hohen Adrenalinspiegel, weil es durch Treiber und/oder Hunde in Aufregung versetzt wurde und flüchtet aus diesem Grunde schon sehr viel weiter, als wenn es im Zustand nervlicher Ruhe und Ausgeglichenheit beschossen worden wäre. Zum zweiten lassen die dem Stück folgenden Hunde es nicht zu, daß das kranke Stück schon bald ins Wundbett geht. Es wird unter Umständen immer wieder aufgemüdet, ja – je nach Schwere der Verletzung – weit vom Anschuß niedergezogen und abgetan.

Nachsuchen auf gehetztes Wild

Gehetztes Wild – auch wenn es durch Schußverletzung behindert ist – gibt nicht auf der gesamten Strecke der Hetze gleichmäßig intensive Wittrung in die Fährte ab, die dem nachsuchenden Hund seine Arbeit erleichtern könnte. Die Drüsenabsonderungen verbrauchen sich relativ schnell und werden nicht so schnell ersetzt, wie das Stück flüchtet. So ist es oft nur für den erfahrenen Nachsuchenführer nachzuvollziehen, warum sich der Hund so schwer tut.

Krank geschossenes Wild hat nicht nur einen ethisch-moralischen Anspruch darauf, ordnungsgemäß – das heißt mit einem mindestens auf der Schweißfährte brauchbaren Jagdgebrauchshund – nachgesucht zu werden. Auch die Rechtslage ist da eindeutig:

Das Gifhorner Urteil

Das Amtsgericht Gifhorn hat in einem Urteil aus dem Jahre 1987 befunden, daß eine nur optische Untersuchung des Anschusses nicht ausreicht, sondern daß im Zweifelsfalle immer ein brauchbarer Jagdhund eingesetzt werden muß [*AG Gifhorn 8 Owi 14 Js 1250/87*].

Dies gilt natürlich nicht nur für Anschüsse anläßlich von Gesellschaftsjagden jedweder Art, sondern für jeden Schuß, der das beschossene Wild nicht an den Anschuß bannt oder es in Sichtweite zusammenbrechen läßt.

Schweißhundrichtlinie Rheinland Pfalz

Nachsuchenarbeit ist hartes, jägerisches Handwerk, dessen Stellenwert in der breiten Jägerei nach meinen Erfahrungen noch durchaus verbesserungsbedürftig ist.

Nachsuchen über Reviergrenzen müssen überall möglich sein, wenn nicht per Gesetz, dann auf freiwilliger Basis.

Das Land Rheinland-Pfalz hat als bisher erstes und einziges Bundesland die Rechtsstellung der anerkannten Führer Hannoverscher Schweißhunde und Bayerischer Gebirgsschweißhunde aufgewertet, indem es erlaubt, daß diese im Zuge begonnener Nachsuchen jederzeit

Reviergrenzen auch ohne Benachrichtigung der jeweiligen Jagdausübungsberechtigten überschreiten dürfen (siehe Seite 168ff).

Damit wird der Forderung des Tierschutzes, daß jedem Tier vermeidbare Schmerzen und Leiden erspart werden sollen und müssen, Rechnung getragen. Die Verkürzung der Schmerzen eines krankgeschossenen Wildes muß Vorrang haben vor einem etwaigen territorialen Machtgehabe eines Revierpächters, in dessen Revier das kranke Wild eingewechselt ist.

Schweiß-spezialisten

Ohne die Leistungen der vielseitigen Jagdgebrauchshunde auf der Wundfährte infrage stellen zu wollen: die Leistungen der auf die Nachsuchenarbeit spezialisierten Rassen Hannoverscher Schweißhund, Bayerischer Gebirgsschweißhund und Alpenländische Dachsbracke, sofern diese aus ehrlicher Leistungszucht stammen, sind im Regelfalle von den vielseitigen Jagdgebrauchshunden nicht zu erreichen. Es hieße jedes Spezialistentum glatt verleugnen, wollte man diese Behauptung ernsthaft bestreiten.

»Schweißhund«

Wir sollten uns auch abgewöhnen, jeden auf der Wundfährte eingesetzten Jagdgebrauchshund sogleich als Schweißhund zu bezeichnen. Der Begriff Schweißhund ist durch die vorgenannten Rassen klar und eindeutig besetzt. Ein vorstehender Deutscher Wachtel oder Retriever (auch so etwas gibt es!) wird dadurch ja auch nicht zu einem Vorstehhund.

Teilnahme an Nachsuche

Es sollte eigentlich die Regel sein, daß der Jäger, der bei einer Gesellschaftsjagd oder auch beim Ansitz ein Stück krankgeschossen hat, selbstverständlich an der Nachsuche auf sein Stück teilnimmt. Zumindest nach Gesellschaftsjagden ist dies jedoch die extrem seltene Ausnahme!

Wer die Zeit hat, einer Jagdeinladung Folge zu leisten, der sollte auch die Zeit haben, bei einer selbst verursachten Nachsuche am Folgetag dabei zu sein. Ein entsprechender Hinweis in der Jagdeinladung, daß dies von der Jagdleitung erwartet wird, wäre für die ordnungsgemäße Durchführung der Nachsuchen sehr hilfreich!

Nachsuche-Information

Für alle Nachsuchen gilt: dem Hundeführer sind alle Informationen zu geben, die dieser für eine ordnungsgemäße Nachsuche braucht:

»Verbrechen« der Pirschzeichen

- War das Stück alleine oder in Rotte/Rudel/Sprung?
- Welches Kaliber/Geschoß wurde verwendet?
- Wie hat das Stück gezeichnet (siehe Seite 139)?
- Verblieb es bei seiner Rotte/Rudel/Sprung oder tat es sich ab?
- Verbrechen oder markieren Sie Ihren Anschuß so genau wie möglich. Sammeln Sie etwaige Pirschzeichen (Knochensplitter, Wildbretfetzen, Schnitthaare oder Schnittborsten usw.) ein, damit diese nicht von Hunden, Füchsen oder Hähern aufgenommen werden, und übergeben Sie dieselben mit allen übrigen Informationen dem Schweißhundführer oder dem Jagdleiter mit genauer Bezeichnung Ihres Standes (Stand-Nummer – soweit vorhanden – oder genaue Beschreibung des Standes). Zum Markieren haben sich Farbbänder, wie sie die Forstleute zum Bezeichnen von Zukunftsbäumen verwenden, sehr bewährt. Sie bestehen aus Papier und verrotten umweltfreundlich in kurzer Zeit. Man soll auch Traditionen ablösen, wenn es etwas Besseres gibt. Gerechte Bruchzeichen in allen Ehren, aber schockfarbene Markierungsbänder findet man sehr viel schneller wieder.
- Wurde das beschossene Stück später von im Treiben geschnallten Hunden gehetzt?
- War eventuell irgendwo längerer Standlaut zu hören?
- Kam das beschossene Stück möglicherweise bereits krank an oder ist es möglich, daß dieses Stück im weiteren Verlauf des Treibens nochmals beschossen oder geschossen wurde?
- Schauen Sie sich Ihr erlegtes Stück genau an, ob es

nicht Verletzungen hat, die nicht von Ihrem Schuß herrühren können, sondern die es bereits »mitgebracht« hat.

- Stellen Sie sich für eine etwaige Nachsuche – in der Regel am Folgetag – zur Verfügung. Nur Sie selbst können dem Schweißhundführer die Informationen geben, die er für eine ordnungsgemäße Nachsuche dringend braucht.

Beginn der Nachsuche

- Drängen Sie bei Drückjagden nicht auf eine sofortige Nachsuche nach Ende des Treibens! Die überall stehende Körperwitterung des gehetzten beziehungsweise gejagten Wildes macht es jedem noch so guten und sicheren Schweißhund schwer, sich auf eine Wundfährte zu konzentrieren. Aus dem Wirrwarr sich möglicherweise kreuzender Wundfährten findet der geübte Schweißhund wesentlich besser heraus, wenn die Körperwitterung des Wildes nicht mehr als Duftwolke allgegenwärtig ist.
- Nur absolut sichere, kurze Totsuchen, bei denen der Anschuß mit absoluter Sicherheit dies ausweist, können und sollen noch am gleichen Tag durchgeführt werden, um die Verwertbarkeit des Wildes noch zu gewährleisten.

Nachsuchen bei Einzeljagd

Nachsuchen, die im ganz normalen EinzelJagdbetrieb anfallen, sind für Hund und Führer eigentlich immer einfacher und unproblematischer als solche, die anläßlich von Treib-, Drück- oder sonstigen Gesellschaftsjagden angefallen sind.

Zeichnen im Schuß

Das im Schuß beobachtete Zeichnen des im Zustand nervlicher Ruhe und Ausgeglichenheit beschossenen Stückes ist immer aussagekräftiger als das Zeichnen eines flüchtigen oder auch nur durch Hundelaut und Treiberlärm bereits beunruhigten Wildes.

Aber auch hier müssen dem Hundeführer alle für ihn wichtigen Details mitgeteilt werden, wie zum Beispiel verwendetes Kaliber und Geschoß, stand das Stück breit oder halbspitz, auf welcher Körperseite sitzt der Einschuß usw.

Weist der Anschuß klar und eindeutig aus, daß das nachzusuchende Wild zum Zeitpunkt des Beginns der Nachsuche mit an Sicherheit grenzender Wahrscheinlichkeit bereits verendet ist, so hat diese Nachsuche nichts mehr mit Tierschutz (Verkürzung der Leiden und Schmerzen des kranken Wildes) zu tun, sondern allenfalls noch mit der Frage des Verwerten-Könnens. Bei der Frage der noch möglichen Verwertung kann an heißen Sommertagen bei einer nächtens waidwund geschossenen Sau schon eine halbe Stunde von großer Bedeutung sein.

»Leichte« Nachsuchen

Da in diesem Falle aber der Tierschutz nicht mehr tangiert wird, ist es im Prinzip auch egal, wie erfahren beziehungsweise überhaupt auf der Wundfährte brauchbar der eingesetzte Jagdgebrauchshund letztendlich ist.

Liegen am Anschuß oder auf den ersten Metern der Wundfährte Organteile, so kann man nach der Mindestwartezeit von etwa drei Stunden davon ausgehen, daß ein Stück Rehwild bestimmt verendet sein wird.

»Schwierige« Nachsuchen

Bei Rot- und Schwarzwild liegen die Dinge nicht ganz so einfach. Ein Hirsch oder eine Sau mit Leberschuß beispielsweise kann sehr wohl nach drei Stunden noch sehr munter sein und nach einer mehr oder weniger langen Riemenarbeit noch eine rasante Hetze erforderlich machen.

Pirschzeichen

In allen Fällen, in denen nach Lage der Dinge, vor allem nach gründlicher Untersuchung der Pirschzeichen am Anschuß, nicht gesichert gesagt werden kann, daß das Stück bereits verendet ist, muß mit einem Jagdgebrauchshund nachgesucht werden, von dem erwartet werden kann und muß, daß er den möglichen Schwierigkeiten dieser Nachsuche auch gewachsen ist.

Wer mit einem Zwergteckel einen Hirsch mit Laufschuß nachsucht, nimmt den Mißerfolg billigend in Kauf. Der Zwerg wird zwar wahrscheinlich an den kranken Hirsch oder die Sau heranführen, er wird aber aufgrund seiner kurzen Läufe diese niemals einholen und stellen können.

Nicht laut jagende Hunde sind weniger geeignet

Gleiches gilt für nicht laut jagende Hunde. Bei einer sicher zu erwartenden Totsuche ist das nicht von Wichtigkeit. Kommt es aber zu einer Hetze und der Hund jagt stumm, so weiß weder der Hundeführer noch die Begleiter, wohin sich die Hetze wendet und wo letztendlich der Standlaut gesucht werden muß.

Telemetriegerät

Das Telemetriegerät kann bei einem stumm jagenden Hund natürlich den fehlenden Laut ersetzen, es ist aber immer nur eine Krücke und ist eigentlich dafür gedacht, bei aus dem Ohr gegangener Hetze den Standlaut orten zu können.

Anforderungen an den Nachsuchenhund

Welche Anforderungen sind an den brauchbaren Jagdhund für die Nachsuchenarbeit zu stellen?

- Er muß von seiner Nasengüte her in der Lage sein, einer nur noch wenige Duftpartikelchen abgebenden Fährte sicher zu folgen.
- Er muß einen ausgeprägten Fährtenwillen haben, den Drang nach vorne, wie es unsere Väter treffend genannt haben.
- Er muß mit stets tiefer Nase arbeiten. Hochwindsucher – wie z.B. der für die Feldarbeit spezialisierte Pointer – sind in aller Regel für eine ernsthafte Nachsuchenarbeit unbrauchbar.
- Er muß das Bogenschlagen (das »Rezept des jagenden Hundes«) beherrschen, eine Eigenschaft, die immer ererbt sein muß und die nicht anerzogen werden kann. Nur dieses Bogenschlagen hilft ihm, den Abgang der Fährte zu finden, wenn das nachgesuchte Stück gewendet und in seiner eigenen Fährte ein Stück zurückgezogen ist, um dann meist mit dem Wind wieder abzubiegen.
- Er muß über ausreichende Härte und ein gewisses Maß an Wildschärfe verfügen, die es seinen Nerven erlaubt, auch eine wehrhafte Sau im dichten Dornen-

Die Sau hat sich vor dem stellenden Schweißhund unter eine Schirmfichte eingeschoben, sie ist sicher sehr krank.

verhau zumindest zu stellen und einen laufkranken Bock auch niederzuziehen.
Er muß zumindest sichtlaut, besser noch fährtelaut jagen, damit der Führer vom Zeitpunkt des Schnallens über den Verlauf der Hetze zumindest akustisch im Bilde ist.

- Er muß über eine Konstitution verfügen, die ihm sowohl eine anstrengende Riemenarbeit in Dornen und Brombeere, als auch eine unter Umständen mehrere Kilometer lange Hetze ermöglicht.
- Er muß sein Temperament zügeln können, die Läufe dürfen nicht schneller sein als die Nase.

Spezialisten sind gefragt

Aus alledem geht hervor, daß die wirklich guten Nachsuchenhunde außerhalb der drei Schweißhundrassen selten sind. Vielseitigkeit geht eigentlich immer zu Lasten des speziellen Leistungsvermögens in den Spezialdisziplinen, und dazu gehört in jedem Falle die ernsthafte Schweißarbeit.
Wir sind es dem kranken Wild schuldig, auf den Wundfährten nicht zu experimentieren, sondern nur Hunde einzusetzen, die den möglichen Anforderungen der har-

ten, schwierigen Nachsuchenarbeit auch in jeder Beziehung gewachsen sind.

Zeichnen des Wildes

Mit Zeichnen meinen wir das Benehmen des beschossenen Wildes im Schuß, nicht sein Verhalten »danach«.
Dieses Zeichnen wird immer umso klarer und aussagekräftiger sein, je stärker die verwendete Patrone beziehungsweise das Geschoß (siehe Seite 193f) und je geringer der Adrenalinspiegel des beschossenen Wildes ist. Wird dieses im Zustand absoluter nervlicher Ruhe beschossen, ist das Zeichnen immer klarer, deutlicher und aussagekräftiger als wenn das Stück das Klicken des Stechers (siehe Seite 201f) vernommen hat und kurz vor dem Abspringen ist. Noch mehr gilt dies natürlich für durch Treiber und/oder Hunde beunruhigtes, womöglich gejagtes Wild.
Recht klar und aussagekräftig zeichnen nach meinen Erfahrungen Rot-, Dam- und Rehwild. Muffelwild zeichnet meist sehr schlecht oder auch überhaupt nicht, ebenso Sauen, wobei diese wiederum eine gewisse Sonderstellung einnehmen. Bei keiner anderen Schalenwildart in unseren Breiten ist der Anteil der Gesamtstrecke, der bei schlechten Lichtverhältnissen (Mond!) und/oder hochflüchtig (Treib-/Drückjagden) beschossen wird, so hoch wie bei dieser Wildart.
Gehen wir einmal vom »Normalfall« aus, wenn das zu erlegende Wild im Zustand absoluter nervlicher Ruhe und Ausgeglichenheit bei guten Lichtverhältnissen, die eine detaillierte Beobachtung zulassen, beschossen wird.

Beim Schuß durch das Feuer sehen

Natürlich wird nur der Jäger das Zeichnen beobachten (und deuten) können, der gelernt hat, durch das Feuer zu sehen. Wer »muckt« und beim Schuß die Augen verschließt, der wird wenig zum Zeichnen des beschossenen Stückes sagen können, weil er das Verhalten des beschossenen Stückes in diesem Sekundenbruchteil nicht gesehen hat. Beim Schuß auf das Blatt, also die Körperregion hinter der Blattschaufel im Bereich der langen Rippen, zeichnet das Stück so:

Mittlerer Blattschuß: Zeichnen häufig durch Hochflucht, Bäume und Sträucher werden angeflohen, meist sehr kurze Fluchtstrecke. Bei zerschossener Aorta (Hauptschlagader am Herzen) blitzartiges Verenden. **Zeichnen des Wildes**

Hoher Blattschuß: Schlagartiges Zusammenbrechen und Verenden. **Blattschuß**

Tiefer Blattschuß: Steile Flucht nach oben, sonst wie mittlerer Blattschuß.

Weidwundschuß, Leber- und Milztreffer: Zusammenrucken des gesamten Wildkörpers, Auskeilen mit beiden Hinterläufen (bei Schüssen im kleinen Gescheide), oft verhältnismäßig langsames Wegflüchten. **Weidwundschuß**

Nierenschuß: Zusammenbrechen hinten, oft lange anhaltendes Klagen. Stücke schleppen sich manchmal – vorne auf den Läufen, die Hinterhand gelähmt – fort. **Nierenschuß**

Krellschuß: das beschossene Stück bricht wie vom Blitz erschlagen zusammen, kommt meist auf den Rücken (Ziemer) zu liegen und schlegelt, oft mit erhobenem Haupt. Nach Sekunden, oft auch erst nach Minuten wird es wieder hoch und flüchtet wie gesund fort. **Krellschuß**

Vorderlaufschuß: je nachdem, ob das Geschoß den Lauf hoch oder tief getroffen hat: Hochflucht (bei hohem Laufschuß) oder Einknicken nach der Seite, an der die »Stütze weggeschlagen« wurde (bei tiefem Vorderlaufschuß). Diese Unterscheidung ist jedoch nicht immer so klar erkennbar, es kann gelegentlich auch umgekehrt sein, aus welchen Gründen auch immer. **Laufschuß**

Hinterlaufschuß: Auch hier »Einknicken« an der Seite, wo plötzlich die Stütze fehlt oder »Zu-Boden-Gehen« mit der gesamten Keulenpartie.

Wildbretschuß/Streifschuß: Zeichnen oft sehr unklar und stark davon abhängig, was getroffen ist. Gelegentlich scheint es, als weiche das Stück dem Schmerz der Wunde aus, also »Wegducken« bei hohen und »Hochflucht« bei Treffern im unteren Körperbereich. **Streifschuß**

Äser-/Gebrechschuß: Oft Zusammenbrechen im Knall, sofortiges Hochwerden und Wegflüchten (oft ist dabei **Äserschuß**

Gelegentlich endet eine Nachsuche auch an solchen »Resten«, die Füchse und/oder Sauen noch übrig gelassen haben. Über die Verwertung braucht man sich in diesem Falle keine Gedanken mehr zu machen.

ein Schütteln des Kopfes zu erkennnen). Bei solchem Zeichnen immer sofort nachschießen, auf jede Entfernung und auf jeden erreichbaren Körperteil!
Dies gilt immer, wenn das Stück zweifelsfrei die Kugel hat, aber noch wegflüchtet. Eine »Schonung« der Keulen, weil nur diese beim spitz fortflüchtenden Wild noch zu treffen wären, kann als Begründung für einen unterlassenen Fangschuß nicht akzeptiert werden!
Mit diesen Beschreibungen ist in aller Regel nichts anzufangen, wenn es sich um Schüsse auf beunruhigtes Wild handelt.
Hier gilt jedoch verschärft, daß so lange geschossen werden muß, wie das kranke Wild noch lebt.
Zur Ausrüstung des Schweißhundführers sollten noch ein paar Bemerkungen gemacht werden dürfen – basierend auf rund vierzig Jahren eigener Erfahrungen auf den Wundfährten von Hirsch und Sau und gelegentlich Rehwild.

Ausrüstung des Schweißhundführers

Die ideale Kleidung des Schweißhundführers ist noch nicht erfunden worden. In wasserdichter Jacke und Hose wird man zwar nicht von außen naß, man schwitzt aber in sehr kurzer Zeit von innen her alles klitschnaß durch. Man zieht sich oftmals auch einfach zu dick an und bedenkt nicht, daß man ja unter Umständen stundenlang in Steilhängen herumkrabbeln muß. Ich habe jedenfalls nur äußerst selten bei Nachsuchen gefroren.

Keine zu dicke Kleidung

Wichtig ist in unseren Breiten, daß die Nachsuchenkleidung relativ reißfest ist. In »normalen« forstlichen Dickungen spielt dies keine so große Rolle, wenn man jedoch durch Schwarzdorn oder Verhaue von Brombeeren hindurch muß, hängt einem verschlissene – oft für die »normale« Benutzung ausrangierte – Jagdkleidung bald wie Lametta vom Leibe.

Bundeswehr-Overalls

Ich habe sehr gute Erfahrungen mit preiswerten Bundeswehr-Overalls gemacht – zumindest im Sommerhalbjahr. Sie sind relativ reißfest und das Material ist nicht so dick, daß man sich nach einer Stunde wie in einer Sauna fühlt.

Im Winter trage ich die Kleidung, die auch Forstwirte benutzen: Latzhose und Regenjacke und »darunter« eben so wenig wie möglich. Als Kopfbedeckung habe ich eine normale Forst-Baschlikmütze.

Gutes Profil

Wenn es irgendwie geht, versuche ich, Gummistiefel zu vermeiden. Wenn ich allerdings weiß oder zumindest ahnen kann, daß die Nachsuche teilweise »Wasserarbeit« sein wird (und wer in einem Gebiet schon viele Jahre nachgesucht hat, der weiß auch, was in den jeweiligen Revieren auf ihn zukommt), dann vermeide ich nasse Füße und ziehe mir meine Gummistiefel an. Wichtig ist, daß diese gut profilierte Gummisohlen und keine Plastiksohlen haben, mit denen man oft im nassen Steilhang mehr rutscht als geht.

Schutzbrillen

Manche Schweißhundführer benutzen Schutzbrillen während der Riemenarbeit in dichter Dickung. Ich bin davon abgekommen. Wenn man ein wenig aufpaßt, ist die Verletzungsgefahr für die Augen gering. Wichtig erscheint mir jedoch, daß ich ohne Brille auch eine extrem geringe Schweißkontrolle erkennen kann. Mit der Draht-Schutzbrille vor den Augen entgeht einem doch so mancher Schweißspritzer.

Handschuhe

Schutzhandschuhe sind ein Muß. Bewährt haben sich simple Arbeitshandschuhe mit besonders langen Stulpen, die man – wenn es einmal mit der Zeit »eng« wird – einfach wegschleudern kann.

Reservepatronen

Reservepatronen sollte man immer dabei haben, man glaubt ja nicht, wie schnell man sich auf die annehmende oder aber wegflüchtende Sau leergeschossen hat.

Es ist selbstverständlich, bei normaler Jagdausübung nur einen sauber gezielten Schuß abzugeben, der das Stück möglichst rasch und schmerzlos tötet.

Schießen aus jeder Entfernung

Bei einer Nachsuche auf ein bereits krankes Stück schieße ich auf jede Entfernung und – wenn es nicht anders geht – auch spitz von hinten. Rücksicht auf etwaige Wildbretzerstörung ist dabei völlig unangebracht. Es kann nur noch darum gehen, das kranke Stück eventuell noch kränker zu machen und dadurch die Nachsuche abzukürzen.

Fangschuß

Bei der Nachsuche beziehungsweise der damit verbundenen Hetze gibt nur und ausschließlich der Hundeführer den Fangschuß! Nur er darf sich dem hämmernden Standlaut nähern und den Fangschuß antragen.

Sollte es – je nach Situation – einmal nützlich sein, von dieser Grundregel abzuweichen, dann muß dies ausdrücklich gesagt werden. Im Normalfall muß und soll sich der Hundeführer darauf verlassen können, daß auch vorgestellte Jäger nicht ihren Platz verlassen und sich möglicherweise von der anderen Seite dem vom Hund gestellten Stück nähern. Man braucht keine besondere Phantasie, um sich vorzustellen, welche grauenhaften Unfälle da passieren könnten.

Nachsuchen-Munition

Die zum Fangschuß verwendete Nachsuchenmunition soll großkalibrig und das Geschoß so konstruiert sein, daß es zwar eine große Stopwirkung hat, aber nicht sich bereits vor dem verdeckt stehenden Stück in mehr oder weniger große Splitter zerlegt.

Vollmantelgeschosse – für und wider –

Manches – vor allem die sehr geringe Gefährdung des stellenden Hundes – spricht für die Verwendung von Vollmantelgeschossen. Dagegen spricht die geringe Stopwirkung bei annehmendem Wild, und wer schon einmal einem annehmenden Keiler ein Magazin voller Vollmantelpatronen entgegengeschossen hat ohne daß dieser nennenswert in der gewünschten Form reagierte, der wird reumütig wieder zur bewährten Teilmantel-Rundkopf im Kaliber 8 mm oder 9,3 mm zurückkehren (siehe Seite 193).

Nachsuchenbüchse

Die Nachsuchenbüchse sollte so kurz sein, daß der Lauf nicht über die Schulter hinausragt. Andernfalls hängt man sich an jedem Ast, unter dem man sich hindurchwindet, hoffnungslos fest.

Nichts geht über den alten 98er Karabiner, den man – das Magazin mit Patronen vollgestopft – unterladen, gespannt und gesichert auf dem Rücken trägt. Als Sicherung ist die alte Flügelsicherung optimal. In der beschriebenen Weise verhindert sie das unbeabsichtigte Öffnen der Kammer mit dem dann unweigerlichen Verlieren der Patronen. Schiebesicherungen auf dem Kolbenhals können durch Äste oder Brombeerranken auf Entsichern gestellt werden, ohne daß der Waffenträger dies in dichter Dickung bemerkt. Leicht öffnet sich dann – ebenfalls durch einen Ast oder ähnlichem – die Kammer und im entscheidenden Moment stellt der Hundeführer fest, daß er zwar ein Gewehr in der Hand hat, die zugehörigen Patronen aber irgendwo hinter ihm in der Dickung verstreut liegen!

Gute alte Flügelsicherung

Mündungspflaster

Auf die Laufmündung gehört ein Pflaster, daß das Eindringen von Fremdkörpern in den Lauf verhindert. Bewährt hat sich besonders gummiertes Leinengewebe. Wenn es die Zeit erlaubt, kann man es ja vor dem Fangschuß abreißen. Muß es einmal sehr schnell gehen, dann kann man auch getrost durch dieses Pflaster hindurchschießen. Mir ist kein Fall bekannt, daß dies ein normaler Büchsenlauf nicht ausgehalten hätte.

Schweißriemen-halsung Noch vor wenigen Jahren war der Schweißriemen grundsätzlich aus Leder! Er wurde nach jeder »nassen« Nachsuche gefettet und nach alter Väter Sitte schön aufgedockt. Dennoch war dieser Lederriemen nicht das Gelbe vom Ei. Trotz aller »Fetterei« wurde er im Laufe einer Nachsuche schwer wie Blei und verlor durch die Nässe und seine eigene Schwere bald jedes Gleitvermögen. Hatte er sich einmal um einen Baum gewickelt, dann konnte der Hund ihn mit eigener Zugkraft kaum noch lösen.

»Wartungsfreier« Kunststoff-Riemen Heute verwenden wir den altehrwürdigen Leder-Schweißriemen fast nur noch bei Schweißhund-Vorführungen oder im Revier in aufgedocktem Zustand. Ich selbst (und alle befreundeten Schweißhundführer) verwende seit Jahren einen Kunststoff-Riemen aus einer Art Leinengewebe, das absolut »wartungsfrei« ist. Seine Gleitfähigkeit bleibt auch bei extremer Nässe erhalten, und sein geringes Gewicht belastet auch den Hund nur wenig. Dazu kommt noch als weiteres Positivum, daß dieser Riemen auch in grellen Farben zu haben ist. Meiner ist hellrot – es muß ja nicht unbedingt »Pink« sein. Es kann schon sehr von Vorteil sein, wenn sich in bürstendichter Dickung der Schweißriemen farblich gut vom Boden abhebt (was eben der Lederriemen nicht tut!).

Riemen ohne Schlaufe Keinesfalls darf der Schweißriemen in einer Schlaufe enden, wenn ja, schneidet man diese vor dem ersten Einsatz auf oder ab. Die Schlaufe hackt sich unentwegt fest und nervt Hund und Führer gleichermaßen.

Halsung Die *Schweißhalsung* sollte nach wie vor aus Leder sein, breit und gut gepolstert, damit sie auch dem stramm im Riemen liegenden Hund nicht allzu sehr auf die Halswirbel drückt.

Brustgeschirr Es gibt neuerdings auch Brustgeschirre, die bei besonders stürmischen und heftig im Riemen liegenden Hunden den Druck verteilen und Verschleißerscheinungen im Bereich der Halswirbelsäule verhindern helfen. Ich habe damit keine persönlichen Erfahrungen – und da ich derzeit mit einer besonders ruhigen Hündin arbeite, bei der ich den Schweißriemen schleppen lassen kann, sehe ich für mich auch keine Notwendigkeit, diese Neuerung selbst auszuprobieren. Ob ein rasches Schnallen aus so einem Brustgeschirr ebenso schnell geht wie das einfache Lösen der Halsung, wage ich zu bezweifeln.

Telemetriegerät

Ein *Telemetriegerät* – es wurde schon eingangs erwähnt – kann bei sehr weiten Hetzen sehr hilfreich sein. Der (kleine) Sender hängt an der dehnbaren Warnhalsung des hetzenden beziehungsweise stellenden Hundes, den Empfänger hat der Hundeführer. Je nach Gelände kann er seinen Hund bis zu einer Entfernung von zwei oder auch drei Kilometern orten und weiß auch dann, wenn er den Laut des Hundes nicht mehr hören kann, wohin er sich (schnellstens) auf die Läufe machen muß.

Dient dem Tierschutz

Dieser Einsatz der Telemetriegeräte dient in mehrfacher Hinsicht dem Tierschutz: zum einen ist der Hundeführer im Regelfalle sehr viel schneller am gestellten Stück und kann dies von seinen Schmerzen erlösen, zum anderen kann er durch sein früheres Eingreifen auch unter Umständen Verletzungen des stellenden Hundes bei wehrhaftem Wild verhindern, die leichter passieren können, wenn der Hund ermüdet und der annehmenden Sau nicht mehr so schnell ausweichen kann.

Schnitthaarbuch

Die Anlage eines *Schnitthaarbuches* kann für die Ansprache des genauen Sitzes der Kugel auf dem Wildkörper sehr hilfreich sein. Wer sich ein solches für die Wildart Schwarzwild anlegen möchte, der nehme:

1. ein gutes Foto einer breit stehenden Sau aus der »Pirsch«,
2. beklebe die wichtigsten Körperteile mit kleinen runden Aufklebern,
3. numeriere diese in beliebiger Reihenfolge, gehe
4. vor seinen Kamin zu der Schwarte seines dort liegenden Lebenskeilers und schneide mit

Das Bergen des in dichter Dickung verendeten und bei der Nachsuche gefundenen Wildes ist manchmal eine arge Schinderei.

Schnittthaarbuch

einer Schere an genau den mit Aufklebern markierten Stellen je ein Borstenbüschel ab und klebe diese, identisch numeriert mit den Fotoaufklebern, in ein fest gebundenes Büchlein im Taschenformat.

Das muß man natürlich für Sommer- und Winterschwarte machen und darf sich nur an der Struktur der Borsten, ihrer Länge usw. orientieren, keinesfalls an der Farbe.
Die Farbe sagt nichts aus, es gibt eben blonde und brünette Sauen.
Analog kann man dies für alle anderen Wildarten ebenso machen. Aussagekräftig und hilfreich ist ein solches Schnitthaarbuch beim Rotwild, bei Reh- und Damwild ist es schon sehr viel schwieriger. Aber dümmer wird halt niemand davon und es hilft bei der ungefähren Ortung des Körperteiles, den die Kugel getroffen hat, allemal.

Bernd Krewer

Notversorgung verletzter Hunde

Bei lebensbedrohlichen Unfällen unserer Jagdhunde besteht schnell die Gefahr, daß wir als Hundeführer in Panik geraten und unüberlegt handeln. Man sollte immer versuchen, auch in noch so schwierigen Situationen, durch ruhiges und schnelles Denken die Notlage des Hundes zu verbessern. Dazu sollte man einige Verhaltensmerkmale seines Hundes kennen oder sich diese aneignen. Hunde sind genauso schmerzempfindliche Lebewesen wie wir Menschen.
Kommt es während der Jagdausübung zu Verletzungen oder zu kleineren Problemen wie Wespenstiche, Grannen in den Gehörgängen, Hautabschürfungen usw., ist es ratsam eine gute Notfall-Apotheke im Rucksack zu haben.

Bestandteile einer NOTFALL-APOTHEKE:

Fieberthermometer	Pinzetten	Antiseptika	Watte
Mullbinden	Einmalspritzen	Anthistaminika	Zeckenzange
Gazetupfer	Schere	Wund- u. Heilsalben	Taschenlampe
Puder	Dreiecktücher	Desinfektionsmittel	Rundholz
(Antbiotika Puder)	(ev. sauberes Laken)	(jodhaltige Mittel)	

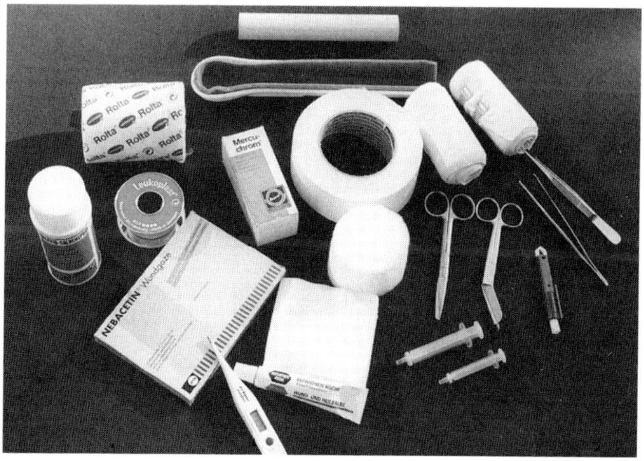

Notfallapotheke für den Rucksack des Hundeführers

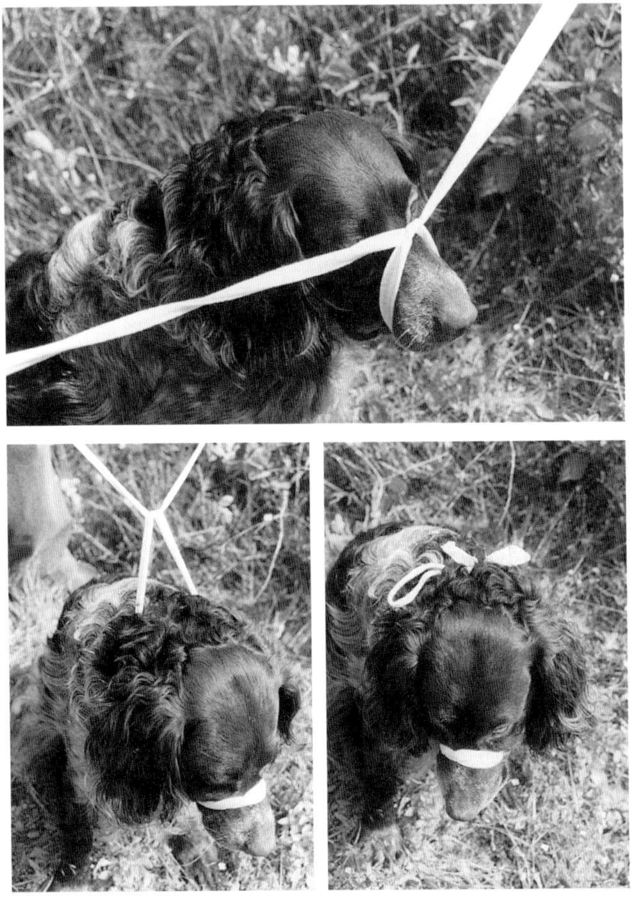

Anlegen eines-Schnauzenverbandes.

Umgang mit verletzten Hunden

Ein bei der Jagdausübung verletzter Hund reagiert oft anders, als man es erwartet. Meist von Schmerzen geplagt, versucht unser Jagdbegleiter schon durch Warngesten daraufhinzuweisen, ihn möglichst vorsichtig zu behandeln, sonst kann er beißen. In einem solchen Fall empfiehlt es sich einen Schnauzenverband anzulegen. Eine Ausnahme für das Anlegen eines Schnauzenverbandes wäre bei Erbrechen, Krämpfigkeit oder Kieferbruch.

Das Band sollte gerade so stramm angebracht werden, daß der Hund seinen Fang nicht öffnen kann.

Untersuchung des Unfallgeschehens

Man sollte sich einem schwer verletzten Hund vorsichtig nähern und aus einer gewissen Distanz versuchen die Sachlage zu erörtern: Ist der Hund ansprechbar oder ohne Bewußtsein; sind große Blutverluste zu erkennen; atmet er noch; hat er Schaum vor dem Fang; hat er Kot oder Urin unter sich gemacht? Nachdem man so die ersten Anzeichen der Verletzung erkannt hat, versucht man Kontakt aufzunehmen indem man ihn vorsichtig streichelt. So kann man feststellen, ob der Hund unterkühlt ist oder ob er sich heiß anfühlt. Bei Unterkühlung legt man vorsichtig seine Jacke oder Mantel über den Hund, ohne die Atmung zu erschweren.

Hölzchen zwischen Ober- und Unterkiefer schieben.

Untersuchung verletzter Hunde

Hat man sich so dem verletzten Tier genähert, untersucht man den Fang und die Schleimhäute der Lefzen. Um den Fang zu öffnen greift man vom Nasenrücken in das Zahnfleisch und drückt mit der anderen Hand den Unterkiefer nach unten.

Das Zahnfleisch sollte eine rosarote Farbe haben.

Um die Mundhöhle auf eventuell vorhandene Fremdkörper zu untersuchen benutzt man am besten ein Stück

»Mund-zu-Nase« Beatmung mittels eines Tuches

Rundholz, das zwischen Unter- und Oberkiefer geschoben wird. Gleichzeitig können so die Atemwege kontrolliert werden.

Erstversorgung verletzter Hunde

Ist der Hund ohne Bewußtsein, die Atmung aber normal, so legt man ihn vorsichtig auf die rechte Körperseite, um so Atmung und Kreislauf besser kontrollieren zu können. Man sollte dabei den Rumpf etwas höher als den Kopf lagern, so daß eventuell Erbrochenes besser abfließen kann.

Wiederbelebung

Liegt der Hund leblos da und zeigt keine Atmung, der Puls ist jedoch tastbar, so beginnt man sofort mit der Wiederbelebung durch eine »Mund-zu-Nase«-Beatmung. Vorher sollten unbedingt der Fang und die Nase auf eventuell vorhandene Fremdkörper untersucht werden. Nachdem ein Tuch über die Nase gelegt wird, hält man den Fang des Hundes geschlossen und atmet im Abstand von drei Sekunden fünf mal in die Nase hinein. Dieses Procedere wiederholt man solange, bis die Atmung selbstständig einsetzt. Kann auch kein Puls mehr gefühlt werden, so setzt man zusätzlich eine Herzmassage ein. Man legt dazu die Handflächen überein-

Herzmassage durch Handflächenbeatmung

ander und drückt zwischen dem 4. bis 6. Rippenbogen hinter dem Schultergelenk acht bis zehn mal pro Minute kräftig den Brustkorb nach unten. Die Kraft des auszuübenden Druckes hängt vom Gewicht des Hundes ab.

Wirbelsäulenverletzung

Zeigt der Hund bei jeder Bewegung starke Schmerzen, so sollte man ihn nicht dazu ermutigen, aufzustehen, da in einer solchen Situation von Wirbelsäulenschäden auszugehen ist. In derartigen Fällen wird der Hund vorsichtig auf einen im Rücken niedergelegten Mantel gezogen und so getragen, um den nächsten Tierarzt aufzusuchen.

Schock

Eine der häufigsten Todesursachen bei Jagdunfällen ist der sogenannte »Schocktod«. Der Schock ist ein Syndrom, das durch akute Verminderung der Gewebedurchblutung gekennzeichnet ist. Dabei entsteht ein Mißverhältnis zwischen Sauerstoffangebot und Sauerstoffbedarf (Hypoxie). Die im Gewebe anfallenden sauren Stoffwechselprodukte werden ungenügend abtransportiert. Es kommt zu funktionellen und strukturellen Veränderungen in den lebenswichtigen Organen und so zum Zelltod. Häufige Ursachen für einen Schock sind starker Blutverlust, Unterkühlung, Austrocknung, und

Verbrennungen. Zeichen eines Schocks sind Blutdruckabfall, schnelle Atmung, schwacher Puls, blasse Schleimhäute, Muskelzittern, kalte Körperoberfläche und getrübtes Sensorium. Ein im Schock befindlicher Hund sollte möglichst schnell in warme Decken gehüllt werden.

Äußere Blutungen

Bei starken Blutungen aus größeren Gefäßen legt man einen Druckverband an. Hierzu nimmt man zwei Mullbinden, wobei die eine Mullbinde direkt auf die Blutung aufgelegt wird. Die zweite Mullbinde bindet die erste Mullbinde fest ein. Nach circa 45 Minuten sollte der Verband gelockert und kontrolliert werden.

Druckverband

Kommt es dennoch zum Durchsickern von Blut in den Verband, wird oberhalb der Blutung ein weiterer Druckverband angelegt und ein zweiter Verband über den bestehenden Verband angebracht. Bei flächenhaften Blutungen empfiehlt es sich eine Mullkompresse auf die Wunde zu legen und diese mit einem Verband zu befestigen.

Entscheidend für eine schnelle Blutstillung ist die Ruhigstellung des Patienten. Am besten wickelt man den Hund in eine Decke ein und fährt so direkt zum Tierarzt.

Schlagen durch Sauen

Eine der häufigen Verletzungen unserer Jagdgebrauchshunde ist das Schlagen durch Sauen. Hierbei entstehen oft tiefe Wunden mit Taschenbildung oder das Aufschlitzen ganzer Körperhöhlen. Bei derartigen Verletzungen fallen unter Umständen ganze Organteile aus der Körperhöhle heraus.

Organteile treten aus Körperhöhle

Hier ist Eile geboten, das heißt so schnell wie möglich versuchen, die vorgefallenen Organteile (Gescheide) in ein sauberes Tuch zu hüllen und den nächstgelegenen Tierarzt aufsuchen. Benötigt man hierzu eine längere Zeit, so sollten die vorgefallenen Organteile von Zeit zu Zeit mit Wasser angefeuchtet werden, um eine Austrocknung zu verhindern. Ebenfalls lebensbedrohlich ist der sogenannte offene Thorax oder auch Pneumothorax.

Pneumothorax

Hierbei dringt durch eine offene Verletzung im Brustbereich Luft in den Brustraum ein und verhindert eine normale Atemtätigkeit. Schnell sollte versucht werden, die Austrittstelle der ausströmenden Luft zu finden. Oft hört man bei der Atmung leise Zischgeräusche, die auf die Verletzung hinweisen. Hat man die Austrittstelle gefunden, wird diese luftdicht mit einem Stück Plastik oder Gaze verschlossen und ein Brustverband angelegt, der jedoch nicht so fest angelegt wird, daß dem Hund seine Atmung erschwert wird.

In den Körper eingedrungene Fremdkörper

Hat sich ein Fremdkörper in den Brustkorb gebohrt (Stock, Stange), sollte dieser auf keinen Fall einfach herausgezogen werden, weil ein Absinken des Unterdruckes im Brustkorb verhindert werden muß. Es wird versucht den Fremdkörper in seiner Lage zu belassen und ihn mit einem Verband zu stabilisieren. Bei Quetschungen des Brustkorbes sollte die stärker verletzte Seite nach unten gelagert werden, um auf der gesünderen Seite eine bessere Atmung zu gewährleisten.

Knochenbrüche

Knochenbrüche gehören zu den sehr schmerzhaften Verletzungen der Tiere und sind mit größter Vorsicht zu behandeln. Zum einen kennt der Hund keinen Respekt vor seinem Herrn, wenn dieser ihm an einer gebrochenen

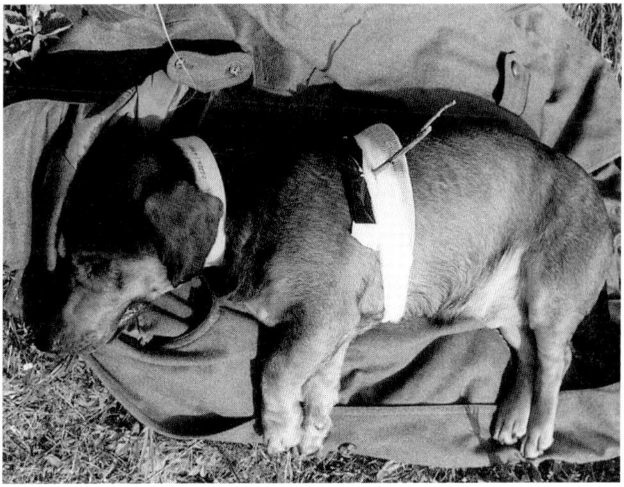

In den Brustkorb eingedrungener Fremdkörper wird mit einem Verband stabilisiert.

Gebrochene Gliedmaßen mittels eines Verbandes stabilisieren.

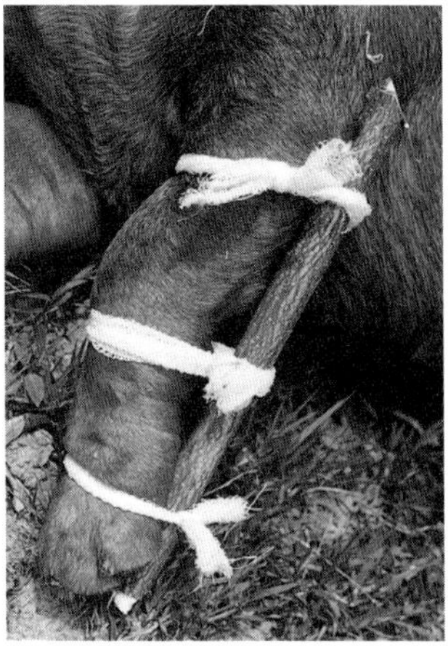

Gliedmaße herummanipuliert, er beißt erbarmungslos zu. Aus diesem Grund ist es ratsam, den bereits erwähnten Schnauzenverband anzulegen, vorausgesetzt es besteht nicht zusätzlich ein Kieferbruch oder andere Komplikationen im Fangbereich. Der Hundeführer sollte versuchen den Bruch einer Gliedmaße ruhig zu betten, das heißt eine Stabilität für den Transport zum Tierarzt herzustellen. Dazu werden mehrere Lagen Watte um das gebrochene Bein gelegt und mit einer nicht zu fest sitzenden Mullbinde fixiert, oder man nimmt einen bis zwei Stöcke und bringt die Gliedmaße in eine stabile Situation.

Stabilisierung der gebrochenen Gliedmaße

Man sollte nicht versuchen das gebrochene Bein auszurichten. Der verletzte Lauf wird so wenig wie nur möglich bewegt.

Offener Bruch

Bei einem offenen Bruch, das heißt wenn Knochenteile sichtbar werden, legt man eine sterile Gaze auf die austretenden Knochenteile und legt anschließend einen stabilisierenden Verband an. Nachdem das verletzte Bein so versorgt wurde, legt man den Hund in eine Decke oder Mantel und transportiert ihn zum Tierarzt. Versucht der verletzt aufgefundene Hund mit den Vorder-

Transport in Decke

läufen zu laufen kann aber in der Hinterhand nicht aufstehen, so kann eine Wirbelsäulenverletzung oder ein schwerer Schaden am Rückenmark vorliegen. In beiden Fällen ist größte Schonung des verletzten Hundes geboten. Der Transport, beziehungsweise die Vorbereitung für den Transport, muß mit einem Minimum an Bewegung der Wirbelsäule erfolgen, um weiteren Schaden zu vermeiden.

Rückenmarksverletzung

Verletzungen am Auge

Augenverletzungen gehören ebenfalls zu den sehr schmerzhaften Notfällen, die eine sofortige Versorgung des oder der verletzten Augen verlangen, will man nicht den Verlust des Auges hinnehmen. Häufig durch Autounfälle kommt es zum sogenannten Bulbusvorfall, das heißt der Augapfel tritt aus der Augenhöhle aus. In einem solchen Fall sollte der Hundeführer versuchen die Lider wieder über das Auge zu ziehen. Ist dies nicht möglich, so sollte der Augapfel mit Wasser oder mit Öl (Salatöl) geschützt und feucht gehalten werden. Sofortige tierärztliche Hilfe ist erforderlich. Durch Säuren und Basen, wie sie in Geschirr- oder Waschmitteln anzutreffen sind, können sehr ernsthafte Hornhautverletzungen entstehen. Das Eindringen von Basen in die vordere Augenkammer beschädigt das Endothel unheilbar. Die Hornhaut und die Bindehäute bekommen ein glasiges Aussehen und zeigen blutige Defekte. Der Hundeführer sollte unmittelbar nach dem Unfall das Auge mit reichlich Wasser auswaschen. Die ersten Sekunden oder Minuten sind entscheidend.

Verletzungen an den Ohren

Ohrenverletzungen können mit starken Blutungen einhergehen, die besonders durch das ständige Schütteln des Behanges nicht zum Stillstand kommen.
Hier empfiehlt es sich das verletzte Ohr durch einen Verband fest am Kopf zu fixieren.
Bei tiefen Rissen muß das Ohr genäht werden.

Krampfanfälle

Krampfanfälle entstehen durch Funktionsstörungen des Gehirns, so daß der Körper die Kontrolle über sich verliert. Bei einem Krampfanfall werden die Impulse, die für die Körperfunktion verantwortlich sind, durch andere Impulse überflutet. Dies führt zu unkontrollierten Zuckungen und Bewegungen. Krankheiten wie Stoffwechselerkrankungen, Tumore, Gehirnhautentzündungen oder Vergiftungen können Krampfanfälle auslösen. Wenn ein Krampfanfall auftritt, sollte man sich genau das Verhalten des Hundes und die Länge des Anfalls merken, da dies ein wichtiger Hinweis für den Tierarzt ist. Bei einem Krampfanfall seines Hundes sollte man sich ruhig verhalten und nicht versuchen, durch lautes Zurufen den Hund zu beunruhigen. Die Verletzungsgefahr durch unkoordinierte Bewegungen wird durch das Hinlegen von Decken oder Kleidungsstücken (Mäntel) verringert.

Ertrinken

Gerade bei den Drückjagden in unwegsamem Gelände mit vielen Bachläufen oder sogar Flußläufen geschieht es immer wieder, daß Hunde dem aufgeschreckten Wild durch tiefe Wasserhindernisse folgen. Hunde sind gute Schwimmer, schaffen es aber häufig nicht den günstigsten Ausstieg aus dem Wasser zu finden. Sie versuchen dann verzweifelt an Steilufern oder anderen Hindernissen auszukommen, bis sie ihre letzte Kraft verbraucht

So kann das Wasser aus der Lunge abfließen.

haben. Hier besteht die Gefahr des Ertrinkens. Man versucht in einem solchen Fall die bereits mit Wasser vollgesogenen Lungen wieder freizubekommen indem man den Hund an seinen Hinterläufen hochhebt und das Wasser so aus den Lungen abfließen kann.
Ist er bereits bewußtlos, muß er künstlich beatmet werden, vorausgesetzt die Lungen sind wasserfrei. Bei Herzstillstand kommt zusätzlich die Herzmassage zum Einsatz.

Erfrierung und Unterkühlung

Erfrierungen und Unterkühlung treten bei unseren Jagdgebrauchshunden relativ selten auf. Bei Erfrierungen sind meistens die Ohren und Rute betroffen. Das Gewebe verfärbt sich durch die Durchblutungsstörung dunkel bis schwarz und muß unter Umständen vom Tierarzt amputiert werden. Zu Unterkühlungen kommt es häufiger. Sinkt die normale Körpertemperatur (38 Grad - 38,5 Grad Celsius) unter 32,5 Grad Celsius ab, besteht die Gefahr des Kältetodes. Durch Einbrechen ins Eis oder bei extrem niedrigen Temperaturen und zusätzlich nassem Fell sind derartige Situationen schnell herbeigeführt. Es muß alles unternommen werden, den Hund in eine wärmere Umgebung zu bringen. Warme Decken, Mäntel und Wärmflasche sind gefragt. Man hüllt ihn in warme Kleidungsstücke oder erwärmt ihn mit der eigenen Körperwärme. Der Hund muß sehr sanft behandelt werden. Wichtig ist, daß man ihn langsam erwärmt, da es sonst zu »Verbrennungen« im Gewebe kommen kann.

Kältetod

Hitzschlag

Um einem Hitzschlag vorzubeugen, sollte ein Hund nie bei praller Sonneneinwirkung im geschlossenen Auto warten. Zu bedenken ist auch, daß die Sonne wandert. Aber auch bei harter Arbeit im Hochsommer mit langen Hetzen kann es zum Hitzschlag kommen. Steigt die Körpertemperatur über 41 Grad Celsius, kommt es meistens zum tödlichen Gehirnschaden. Anzeichen für einen Hitzschlag sind Benommenheit, Unsicherheit auf den Läufen und Erbrechen bis hin zur Bewußtlosigkeit. Hilfe besteht darin, daß man zunächst die Läufe kühlt, dann Rumpf und Kopf. Dazu bespritzt man die Läufe vorsichtig mit kaltem Wasser und wischt mit einem angefeuchteten Tuch Rumpf und Kopf ab. Selbstverständlich bringt man den Hund an einen schattigen Platz.

Insektenstiche und Schlangenbisse

Bienen- oder Wespenstiche im Rachenraum können lebensbedrohliche Atemnot hervorrufen. Bei Erstickungsgefahr muß unter Umständen ein Luftröhrenschnitt durchgeführt werden. Schlangenbisse sind relativ selten. Sollte ein Jagdhund von einer Schlange gebissen werden, so muß man davon ausgehen, daß es sich um eine Giftschlange handelt. Anzeichen eines Schlangenbisses sind starke Schmerzen, Erbrechen, Atemnot, Lähmungen und Krämpfe. Hat man die Bißstelle lokalisiert, bringt man oberhalb dieser Verletzung einen Druckverband an. Anschließend wird die Wunde mit einem Kreuzstich weiter eröffnet, so daß das eingedrungene Gift stärker ausbluten kann. Es sollte schnellstens ein Tierarzt aufgesucht werden.

Vergiftungen

Vergiftungserscheinungen sind beim Hund in der ersten Phase der Kontamination mit dem Gift schwer zu erkennen. Wird eine Vergiftung vermutet, sollte alles unternommen werden, das Gift schnell zu analysieren um so Gegenmaßnahmen zu ergreifen. Um eine gezielte Behandlung durchführen zu können, benötigt der schnellstens aufgesuchte Tierarzt soviel Details wie eben möglich. Bringen Sie auch eventuell Erbrochenes oder Kot und Urin mit zum Tierarzt. Jede Kleinigkeit kann einen Hinweis geben. Versuchen Sie nicht den Hund zum Erbrechen zu bringen, wenn Sie nicht wissen, was er aufgenommen hat, da viele Substanzen eine ätzende Wirkung auf die Schleimhäute ausüben. Erste Hilfe bei Vergiftungen sollte immer die Behandlung der spontan auftretenden Symptome sein.

Organophosphat-Vergiftung

Organophosphatkarbonat befindet sich unter anderem in Schneckengift. Erste Anzeichen der Vergiftung sind starker Speichelfluß, Zittern, schwankender Gang und Krämpfe.

Silierhilfsmittel sind unter anderem Nitrite. Die Giftwirkung beruht auf einer Ferrihämoglobinbildung das heißt einer Unterversorgung mit Sauerstoffträgern. Die Folge ist Schwäche, Blutdruckabfall, blaß-blaue Schleimhäute, Muskelschwäche und Atemstillstand bis hin zum Tod. **Nitrite**

Unter den Pestiziden spielen die Kumarinderivate eine große Rolle. Sie finden hauptsächlich als Nagergifte Verwendung. Die Wirkungsweise dieser Gifte beruht auf einer Verdrängung von Vitamin-K bei der Herstellung von Blutgerinnungsfaktoren. Die Folge ist ein Ungerinnbarwerden des Blutes. Die Wirkung tritt deshalb einige Tage nach Aufnahme des Giftes auf. Es kommt zu inneren Blutungen in die Körperhöhlen mit blutigem Durchfall, blutigem Erbrechen und Blut im Urin. **Kumarinvergiftung**

Dieses Gift ist häufig in Rattengiften enthalten. Der Hund kann sich durch Fressen vergifteter Ratten infizieren. Die Strychninwirkung beruht auf einer Steigerung der Reflexerregbarkeit vor allem des Rückenmarks. Die Folgen sind Ruhelosigkeit, Zuckungen, Krämpfe, steif ausgestreckte Gliedmaßen mit gekrümmtem Kopf und Hals. Die Krämpfe können mit einem geringfügigen Reiz, wie z.B. eine Berührung, ausgelöst werden. **Strychnin**

Gefahren durch Zeckenbisse für Mensch und Hund

Der Name Lyme–Borreliose stammt von einer Ortschaft im US Bundesstaat Connecticut, wo die Krankheit entdeckt wurde und mit dem mikrobiologischen Namen Borreliose bezeichnet wurde. Der Krankheitserreger ist ein Bakterium. Die Krankheit kann überall dort auftreten, wo Zecken anzutreffen sind. Tage bis Wochen nach dem Zeckenstich entsteht ein Erythem (Rötung der Haut), das sich zentrifugal ausbreitet. Allgemeinsymptome auch beim Menschen sind Fieber, Gliederschmerzen, Kopfschmerzen und Lymphknotenschwellung. Die Zecken bevorzugen Lokalisationen zwischen den Beinen, in den Kniekehlen, im Nacken usw.. In der **Lyme-Borreliose** **Erreger-Bakterien**

Haut sitzende Zecken sollten möglichst bald entfernt werden. Ohne sie mit Ölen oder anderen Stoffen zu

Zeckenzange

bestreichen, werden sie mit einer Zeckenzange oder, etwas schwieriger, mit Hilfe der Finger entfernt. Wichtig ist, daß der Zeckenleib weder gequetscht noch beschädigt wird. Ein wirksamer Schutz gegen den Befall mit Zecken ist das Tragen von geschlossener Kleidung und Kopfbedeckung. Für Hunde stehen heute eine Reihe guter Antiparasitarika zur Verfügung.

Fuchsbandwurm

Echinokokkus multilokularis bezeichnet den kleinen oder fünfgliedrigen Fuchsbandwurm. Die Würmer parastieren vornehmlich im Dünndarm des Fuchses oder anderer Fleischfresser. Der Wurm ist circa vier Millimeter lang und besteht aus fünf Gliedern. Im Zeitraum von sieben bis vierzehn Tagen wird das letzte Bandwurmglied abgeschnürt und gelangt so in die Außenwelt. Ein einziges Glied enthält bis zu 300 Eier, die durch Wind und Regen verbreitet werden. Nach Aufnahme der Eier entsteht beim Menschen, vornehmlich in der Leber, ein Finnenstadium, das sich nur sehr langsam vermehrt und tumorartig die Leber zerstört. Für die Übertragung der Eier kommen folgende Möglichkeiten in Betracht: Durch Kontakt mit Füchsen (Jagd, Abbalgen), bei Arbeiten mit Erde und Pflanzen, durch Bauhunde oder durch den Verzehr von ungewaschenen Waldfrüchten. Zum Schutz vor einer Ansteckung empfiehlt es sich, Waldfrüchte vor dem Verzehr gründlich abzuwaschen, Füchse nur mit

Hunde regelmäßig entwurmen

Einmalhandschuhen und Mundschutz abzubalgen und Bauhunde nach verrichteter Arbeit gründlich abzuwaschen. Hunde sollten regelmäßig entwurmt werden.

Dr. Georg Kovermann

Wildbretverwertung und Wildbrethygiene

Fast immer kommt ein Stück Schalenwild durch einen gut angetragenen Schuß zur Strecke. Der schnell tödlich wirkende Schuß ohne Zerstörung des Wildbrets und vor allem ohne Verletzung des Magen-Darmkanals gewährleistet eine hygienische Wildbretgewinnung. Nach einer Wartezeit von circa fünf bis zehn Minuten nach dem Schuß, sollte das Stück unverzüglich aufgebrochen werden. Man sollte vor allem im Sommer nicht allzuviel Zeit bis zum Aufbruch verstreichen lassen, da es schnell zur Verhitzung kommen kann. Wenn das erlegte Stück gut und schnell abtransportiert werden kann, so ist das Aufbrechen in einer Wildkammer dem Aufbrechen im Revier vorzuziehen. Hier kann bei guten Lichtverhältnissen und unter Berücksichtigung hygienischer Aspekte ordentlich gearbeitet werden. Durch Unterstützung von Elektrowinde oder Flaschenzug kann auch schweres Wild sauber aufgebrochen werden.

Ist das erlegte Stück ordnungsgemäß aufgebrochen und alle Organe zusammenhängend entnommen, sind die Körperhöhlen und die Organe auf Veränderungen zu untersuchen.

Aufbrechen

Sauberes, gekonntes Aufbrechen allen Schalenwildes ist für die Verwertung von entscheidender Bedeutung. Beim Schwarzwild ist immer zu bedenken, daß das Zwerchfell für die Trichinenbeschau im Wildkörper verbleiben muß.

Hygiene-vorschriften

Der Gesetzgeber schreibt in den Hygienevorschriften:

»Erlegtes Haarwild ist unverzüglich aufzubrechen und auszuweiden. Das Enthäuten und eine Zerlegung am Erlegungsort ist nur zulässig, wenn der Transport sonst nicht möglich ist. Erlegtes Haarwild ist unmittelbar nach dem Aufbrechen und Ausweiden so aufzubewahren, daß es gründlich auskühlen und in den Körperhöhlen abtrocknen kann. Das Haarwild muß alsbald nach dem Erlegen auf eine Innentemperatur von mindestens +7 °C abgekühlt sein; erforderlichenfalls ist es dazu in eine geeignete Kühleinrichtung zu verbringen.«

Aufgrund hygienischer Aspekte sollten nach dem Aufbrechen die Körperhöhlen niemals mit Gras, Heu, Stroh, Laub, feuchten Tüchern oder mit Wasser ohne Trinkwasserqualität gereinigt werden.

Transport in die Wildkammer

Als nächster Schritt erfolgt nach dem Aufbrechen der Transport in die Wildkammer. Der Transport in geschlossenen Kunststoffbehältnissen beziehungsweise im Rucksack ist nur für kurze Zeit zu tolerieren, da es andernfalls zur Verhitzung beziehungsweise stickigen Reifung kommt. Auch aufgestapeltes Wild im Wildwagen oder Kofferraum ist Ursache für schnelle Verhitzung. Wild sollte auch bereits auf dem Transport offen gelagert werden, um eine ausreichende Belüftung des Wildkörpers zu gewährleisten. Das schnelle Verbringen der Wildkörper in kühle und gut belüftete Räume ist vor allem in der warmen Jahreszeit für die Erhaltung der

Auskühlen des Wildkörpers

Fleischqualität unverzichtbar. Das Auskühlen auf eine angemessene Temperatur im Inneren des Wildkörpers und der Muskulatur ist in den Wintermonaten leichter durchzuführen.

Liegt das Stück nicht direkt im Feuer, sondern nimmt die nächste Deckung an, so sollte man nur bei zu erwartender Totsuche selbst eine Nachsuche vornehmen.

Andernfalls sollte eine Nachsuche von einem erfahrenen Schweißhundführer durchgeführt werden. Kann das verendete Stück nicht direkt gefunden werden, so setzt bereits im Wildkörper eine chemische Umsetzung ein, die zu Gasbildung und Bakterienvermehrung in den Körperhöhlen führt.

Zersetzungsvorgänge im Wildkörper

Im Anschluß an den Tod finden im Wildkörper Zersetzungs- und chemisch-physiologische Vorgänge statt, die zur Autolyse (Selbstauflösung) führen. Die Totenstarre setzt einige Zeit nach dem Erlegen ein, ein Prozeß, der mit dem Abbau von ATP (Adenosintriphosphat) und dem Säuregrad der Muskulatur zusammenhängt. Durch die Autolyse kommt es im Verlauf der Fleischreifung zur Lösung der Totenstarre. Das Wildbret bleibt dadurch saftiger und ein niedriger Säuregrad (pH-Wert) verhindert die Fäulnis. Bei höheren Temperaturen kommt es zur stickigen Reifung. Negativen Einfluß auf diesen Prozeß haben:

Stickige Reifung

Streß vor dem Erlegen des Stückes, langes Hetzen, Transport in Plastiksäcken oder Kofferraum. Auf diese Weise wird das Wildbret von Bakterien zersetzt und nimmt sowohl geruchlich als auch farblich einen unappetitlichen Charakter an. Gefährlich wird es, wenn sich sogenannte Bakteriengifte bilden. Auch durch schlechtes Ausbluten oder Verunreinigungen tiefer Muskelschichten kommt es zur Ausschwemmung von Keimen in den Wildkörper.

Wie lange soll man Wild in der Decke belassen?

Wie lange ist Wild in der Decke zu belassen?

Sofern die Innentemperatur +7 °C nicht übersteigt, kann Wild bis zu vier Tagen in der Decke belassen werden, vorausgesetzt, daß das Wild nach Abgabe des Schusses im Feuer lag, das heißt, keine Nachsuche anstand und keine längere Hetzjagd vorausging.

War eine Nachsuche erforderlich oder ging vor der Tötung des Stückes eine Hetzjagd voraus, so sollte das zur Strecke gekommene Stück möglichst bald aus der Decke geschlagen werden.

Fleischhygienegesetz

§ 1 Abs. 1 des Fleischhygienegesetzes besagt: »Alles erlegte Haarwild unterliegt der Fleischuntersuchung, sofern es dem menschlichen Verzehr zugeführt werden soll. Eine Fleischuntersuchung ist nicht erforderlich, wenn weder vor noch nach dem Schuß *bedenkliche Merkmale* festgestellt wurden. Das Wildbret entweder zum eigenen Verzehr verwendet oder unmittelbar an einen anderen zu dessen eigenem Verzehr abgegeben wird oder unmittelbar nach dem Erlegen in geringen Mengen an einen nahe gelegenen Gasthof, Metzger oder Einzelhändler übergeben wird.«

Bedenkliche Merkmale

Bedenkliche Merkmale werden im Gesetz so definiert:

»Beim Erlegen, Aufbrechen, Zerwirken und weiteren Behandeln ist auf Merkmale zu achten, die das Fleisch als gesundheitlich bedenklich erscheinen lassen. Diese liegen insbesondere vor bei:

- abnormen Verhaltensweisen und Störungen des Allgemeinbefindens;
- Fehlen von Anzeichen äußerer Gewalteinwirkung als Todesursache (Fallwild);
- Geschwülsten oder Abszessen, wenn sie zahlreich oder verteilt in inneren Organen oder in der Muskulatur vorkommen;
- Schwellungen der Gelenke oder Hoden, Hodenvereiterung, Leber- oder Milzschwellung, Darm- oder Nabelentzündung;
- fremdem Inhalt in den Körperhöhlen, insbesondere Magen- und Darminhalt oder Harn, wenn Brust- oder Bauchfell verfärbt sind;
- erheblicher Gasbildung im Magen- und Darmkanal mit Verfärbung der inneren Organe;
- erheblichen Abweichungen der Muskulatur oder der Organe in Farbe, Konsistenz oder Geruch;
- offenen Knochenbrüchen, soweit sie nicht unmittelbar mit dem Erlegen in Zusammenhang stehen;

- erheblicher Abmagerung oder Schwund einzelner Muskelpartien;
- frischen Verklebungen oder Verwachsungen von Organen mit Brust- oder Bauchfell.«

Fleischuntersuchung

Beim Auftreten dieser bedenklichen Merkmale ist immer eine Fleischuntersuchung durchzuführen. Aber auch bei Unsicherheiten oder in Zweifelsfällen sollte eine Fleischuntersuchung durchgeführt werden. Hierzu ist es wichtig, daß nicht nur das veränderte Organ, sondern der gesamte Aufbruch mit allen Organen zur Untersuchung gelangen.

Trichinenuntersuchung

Das Fleischhygienegesetz schreibt vor, daß nach der Tötung von Wildschweinen, Bären, Füchsen, Sumpfbibern, Dachsen und anderen fleischfressenden Tieren eine Trichinenuntersuchung durchzuführen ist, sofern das Fleisch zum Genuß für Menschen verwendet wird. Dazu werden Muskelproben benötigt, die aus den Zwerchfellpfeilern und der Unterarmmuskulatur entnommen werden.

Zur Anmeldung verpflichtet ist derjenige, der das Wild in Eigenbesitz nimmt.

Dies ist grundsätzlich der Aneignungsberechtigte im Sinne des Jagdrechtes, also der Jagdausübungsberechtigte. Dies hat noch vor dem Zerwirken des Stückes zu erfolgen. Erlegtes Wild sollte innerhalb von 60 Stunden zur Untersuchung gebracht werden. Wichtig ist die Kennzeichnung des betreffenden Wildkörpers, um so eine einwandfreie Zuordnung zu ermöglichen.

Anmeldung zur Fleischuntersuchung

Bei der für den Erlegungsort zuständigen Behörde oder bei dem zuständigen Tierarzt erfolgt die Anmeldung zur Fleischuntersuchung.

Die Voraussetzung dafür, daß eine Fleischuntersuchung unterbleiben kann, ist dann gegeben, wenn beim erlegten Haarwild vor und nach dem Erlegen keine Merkmale festgestellt werden, die das Fleisch als bedenklich zum Genuß für den Menschen erscheinen lassen. In diesem

Fall darf das Fleisch nur zum eigenen Verbrauch verwendet werden oder unmittelbar an einzelne natürliche Personen, also Verwandte, Nachbarn, Bekannte zu deren eigenem Verbrauch abgegeben werden. Erlegtes Haarwild darf unmittelbar nach dem Erlegen in geringen Mengen an nahegelegene be- oder verarbeitende Betriebe zur Abgabe an Verbraucher zum Verzehr an Ort und Stelle oder zur Verwendung im eigenen Haushalt geliefert werden.

Haarwild Der Gesetzgeber hat im Fleischhygienegesetz den Begriff *Haarwild* bestimmt.

Unter Haarwild werden Säugetiere verstanden, die normalerweise nicht als Haustiere gehalten werden und nicht ständig im Wasser leben. Ein anderer Begriff ist

Erlegen das *Erlegen* von Haarwild. Als Erlegen ist das Töten von Haarwild durch Abschuß nach jagdrechtlichen Vorschriften anzusehen. Dem erlegten Haarwild gleichgestellt wird durch andere äußere gewaltsame Einwir-

verunfalltes Wild kungen *verunfalltes* Wild. Dabei handelt es sich um Wild, welches durch Unfall zu Tode gekommen ist. Derartiges Wild bringt keinerlei Hinweise über den Gesundheitszustand des lebenden Stückes und es liegen in jedem Fall eine äußere oder innere Verletzung vor.

Fallwild Fallwild ist Wild, welches eines natürlichen Todes gestorben ist. Fallwild zeigt äußerlich und innerlich keinerlei Anzeichen einer Gewalteinwirkung. Fallwild ist stets als *untauglich* zu beurteilen und darf nicht als Nahrungsmittel Verwendung finden. Es sollte zur Feststellung der Todesursache einem Untersuchungsamt zugeführt werden. Fallwild sollte nur mit Gummihandschuhen angefaßt werden und der Transport sollte in fest verschließbaren Behältnissen erfolgen.

Es ist von großer Bedeutung, daß der Jagdausübungsberechtigte ein hohes Maß an Verantwortung besitzt und Krankheiten sowie Abweichungen vom Normalen erkennt.

Dr. Georg Kovermann

Recht und Jagdausübung

Wie fast alles im Leben unterliegt auch die Jagdausübung mehr oder weniger strengen rechtlichen Regelungen, die das gedeihliche Zusammenleben der Menschen gewährleisten sollen. Während noch in den sechziger und siebziger Jahren unseres Jahrhunderts die ungeschriebenen ›Gesetze‹ der Deutschen Waidgerechtigkeit einen durchaus merklichen Einfluß auf die Rechtsprechung in Jagdsachen haben konnten, ist deren Bedeutung in der Urteilsfindung von Jagdsachen heute im Zeichen des fortschreitenden Wertewandels eher gering einzuschätzen. Schon der Begriff gibt allseits eher Anlaß zu müdem, teils bedauerndem Lächeln und ist in mindestens 50 Prozent der Fälle von den Anwälten besser zu vermeiden, wollen sie ein Urteil in ihrem Sinne erstreiten. Mithin spielen die ›richtigen‹ Gesetze heute die in jedem Fall ausschlaggebende Rolle, wenn es um die Bewertung jagdrechtlicher oder wenigstens jagdbezogener Lebenssachverhalte geht.

Gesetze und sonstige Normen »Die deutsche Waidgerechtigkeit«

Die einschlägigen Gesetzeswerke mit denen der jagende Mensch in Berührung kommen kann, sind durchaus unterschiedlichster Natur. Sie reichen vom öffentlichen Recht über das – ebenfalls öffentliche – Strafrecht, bei denen sich Staat und Bürger durchaus ungleich in einem Über- und Untergeordnetenverhältnis gegenüberstehen bis hin zum Zivilrecht, demjenigen Recht, welches die Menschen untereinander zu gleichrangigen Parteien macht.

Jagd ist »Ländersache«

Die Jagd ist hinsichtlich der Gesetzgebungskompetenz innerhalb des föderativen Staatssystem unserer Republik, die sich als bundesstaatlicher Zusammenschluß von Ländern in bundesgesetzliche und u.a. landesgesetzliche Gesetzgebungszuständigkeiten teilt, Ländersache. Als wichtigste jagdrechtliche Normierungen sind daher die Jagdgesetze der Länder (LJG) anzusehen, denen – quasi als Orientierungshilfe – das Rahmengesetz das Bundesjagdgesetz (BJG) zur Seite steht. Neben diesen unmittelbar jagdrechtlichen Kodifikationen sind von wesentlicher Bedeutung einzelne Vorschriften des Strafgesetzbuchs (StGB) und des Bürgerlichen Gesetzbuchs (BGB) sowie diverse waffen-, naturschutz-, landschaftsschutz- und sogar sozialrechtliche Gesetze, um nur einige zu nennen.

Darüberhinaus gibt es weitere Vorschriften, die zwar keinen Gesetzesrang, aber in ihrer rechtlichen Wirkung entscheidungserhebliche Bedeutung haben können. Hier seien als Beispiel die Unfallverhütungsvorschriften der einzelnen Landwirtschaftlichen Berufsgenossenschaften erwähnt.

Mit dem Griff zur Büchse öffnet sich dem Jäger ein großes Rechtsfeld

Man kann also ohne Übertreibung sagen, daß der Griff zur Büchse auch gleichzeitig den Eintritt des Jägers in ein weites, sonst für den nichtjagenden Menschen nur kaum spürbar berührbares Rechtsfeld bedeutet, das von der Möglichkeit Fehlhandlungen zu begehen einerseits, und – teilweise sehr bedeutsamen und schwerwiegenden – Verantwortlichkeiten andererseits geradezu gespickt ist. Reduziert man diese Berührungsmöglichkeiten auf das vorliegende Thema, stellt man fest, daß gerade in der Vorbereitung und Hinführung des jagdlichen Handelns bis einschließlich hin zu dessen Kulminationspunkt, nämlich dem tödlichen Schuß, die weitaus überwiegende Zahl der rechtlich schwerwiegenderen Lebenssachverhalte liegen können. Dies vor Augen, läßt sich ein wesentlicher Teil der nachfolgenden Ausführungen schon jetzt in dem ebenso banalen wie anschaulichen alten Jägerspruch: Ist die Kugel aus dem Lauf, hält kein Teufel sie mehr auf, zusammenfassen.

Setzt man sich mit den Einflüssen der Justiz auf die Jagdausübung literarisch auseinander, fällt auf, daß erst seit einigen Jahren die Veröffentlichungen von Gerichtsurteilen oder jagdrechtlichen Beiträgen in juristischer Literatur in nennenswerter Weise zugenommen haben. Im wesentlichen kommt es der jagdlichen Presse zu, die Jägerschaft über neuere Rechtsprechung oder Gesetzesvorhaben zu informieren und auch dieser durchaus merkliche Informationsfluß ist erst seit einigen Jahren in der derzeitigen Intensität der Fall.

Jagdliche Rechtsliteratur sehr dünn besetzt

Ein Grund für die eher raren Veröffentlichungen im Bereich der jagdlichen Literatur dürfte in der ständigen Veränderung der jagdlichen und mit ihnen in Zusammenhang stehenden Gesetze bestehen. Kaum ist ein Landesjagdgesetz verabschiedet, gibt es schon wieder veränderte Durchführungsverordnungen oder gar Novellierungsüberlegungen. Noch größerer Kodifikationsfluktuation unterliegen die Regelungen des Umwelt-, Naturschutz- und Landschaftsrechts, die in immer stärkerem Maße Einfluß auf die Jagdausübung nehmen werden, wodurch restriktive Veränderungen des Jagdausübungsrechts und der -möglichkeiten ohne Einfluß unmittelbar jagdrechtlicher Gesetze in zunehmendem Maße zu erwarten sind (im selben Verlag erschienen: Jagdrecht für die Praxis: Nordrhein-Westfalen). Jüngstes Beispiel für diesen Novellierungsaktionismus ist das seit 01.04.2003 in Kraft getretene neue Waffengesetz. Es regelt nicht nur die Vorschriften für uns Jäger in teilweise kaum nachvollziehbarer, ja konfuser Weise. Darüberhinaus fehlt noch die sog. Durchführungsverordnung, deren Vorschriften zur Klärung dieser Konfusion, leider aber vermutlich auch weiterer Verunsicherung beitragen können. Das Fehlen dieser Durchführungsverordnung bedeutet zum jetzigen Zeitpunkt jedenfalls, daß man dem neuen Gesetzestext ›nicht trauen‹ kann. Will sagen: Glaubt man, sich nunmehr nach neuem Recht *konform* zu verhalten, kann dies nach Inkrafttreten besagter Durchführungsverordnung schon wieder Makulatur (hier also: falsch im Rechtssinne) sein. – Kaum Veränderungen unterliegen dagegen die die Jagdausübung berührenden strafrechtlichen und zivilrechtlichen Vorschriften.

Beispiele von Rechtssprechungen

Die nachfolgenden Gedanken und an Hand von Rechtsprechungsbeispielen veranschaulichten Ausführungen sollen einen informellen Querschnitt unterschiedlichster

Berührungsmöglichkeiten des Jägers mit Recht und Gesetz darstellen. Sie sollen dazu dienen, den Leser für gewisse rechtliche Problematiken im Zusammenhang mit der unmittelbaren Jagdausübung zu sensibilisieren. Eine vertiefende Darstellung aller rechtlich relevanter Möglichkeiten, wie der Jäger mit Justitia in Berührung kommen kann, würde den Rahmen dieses Beitrags sprengen, erscheint aber im Hinblick auf die wesentlich wissenswerten Gebiete auch entbehrlich. – Die jagdrechtliche Grundlage der nachfolgenden Gedanken bildet das BJG; es wird daher gebeten, eventuelle landesrechtliche Sonderregelungen selbst zu beachten.

Jäger rüstet sich zur Gesellschaftsjagd

Rüstet man sich als Waidgenosse zur Jagd, beispielsweise zur Teilnahme an einer winterlichen Gesellschaftsjagd, müßten einem neben der erregenden Vorfreude auf den Anblick durch den Schnee stiebender Sauen und gellendes Hundegeläut schon spätestens beim Griff in den Waffenschrank die ersten Paragraphen im Kopfe herumschwirren.

Gültiger Jahresjagdschein

Dies beginnt bei der Überlegung: bin ich alt genug (?!?) oder besser: bin ich im Besitz eines gültigen Jagdscheins!?! Das Mindestalter für die Berechtigung zur Teilnahme an Gesellschaftsjagden, also Jagden mit mehr als zwei teilnehmenden Jägern, liegt bei 18 Jahren. Aber Achtung: Das Gesetz spricht von Jugendjagdschein (!), also ist auch der sparsame 18jährige, der im Laufe des Jagdjahres, also der Gültigkeitsdauer eines (!) Jagdscheines (01.04. bis 31.03.), sich keinen makellosen Jagdschein, nämlich einen Inländer-Jahresjagdschein, neu gelöst hat, nicht teilnahmeberechtigt.

Kann man diese Hürde als biologisch und verwaltungsrechtlich genommen betrachten, ist die Kaliberwahl zu beachten. Wird auf der Einladung ausdrücklich selbst in einem reinen Niederwildrevier mit dem eventuellen Vor-

Kaliberzulassung für die Bejagung von Schalenwild

kommen von Sauen ›geworben‹, so müssen Flintenlaufgeschoß und hochwildzugelassene Kugelkaliber gewählt werden. Die schlanke, elegante Rehpirschbüchse im zarten Kaliber unter 7 mm darf diesmal nicht den Vorzug bekommen (siehe Seite 193ff).

Schußwaffen-Beförderung

Die Beförderung der Waffe, beispielsweise in einem Auto, ist, soweit man sich nunmehr tatsächlich auf dem Wege zur Jagd befindet, nicht mehr in Form des früher bekannten ›Führens‹ erlaubt.

Vor Inkrafttreten des neuen Waffenrechts von 2003 war allgemein juristisch anerkannt, daß der Begriff des ›Führens‹ den Zustand der Waffe im Bereich unmittelbar vor schußbereit (z.B. unterladene Büchse oder Pistole) *oder* als schußbereit (z. B. geladener Revolver) *und* in diesem Zustand ›am Mann‹ befindlich bezeichnete.

»Führen«

Das seit 2003 geltende Gesetz aber fügt dem Begriff »Führen« noch den Begriff ›schußbereit‹ bei und meint damit sowohl geladen (Revolver) wie unterladen (aufmunitioniertes Magazin in Büchse oder Pistole, ohne daß eine Patrone in die Kammer eingeführt ist!). In einem solchen Zustand darf die Waffe nunmehr ausschließlich bei der Jagdausübung und einzelnen bestimmten im Gesetz aufgezählten speziellen Tätigkeiten gehalten werden. Ausdrücklich schränkt das Gesetz die frühere *Zusammenhangsregelung,* daß also bereits auf dem Weg von und zur Jagd die Waffe ›geführt‹ werden durfte, ein, indem es wörtlich ausführt: der Jäger *»darf auch im Zusammenhang mit diesen Tätigkeiten die Jagdwaffe* ***nicht*** *schußbereit ohne Erlaubnis führen« (§ 13 Abs. 6 WaffG).* Die hier gemeinte ›Erlaubnis‹ wäre ein Waffenschein!

Über diese Einschränkung hinaus ist auch die Frage des Beförderns oder Transportierens davon abhängig, ob es sich um ein nahe gelegenes Revier handelt, oder dasselbe weiter vom Heimatort des Beförderers entfernt liegt. Wann ist ein Revier *nahe* oder *kurzzeitig erreichbar,* wann nicht?! – Es wird nicht verwundern, daß der Gesetzgeber insofern natürlich (!) keine Entfernungsangaben oder Zeitangaben gemacht hat.

Ob eine Waffe also *transportiert* wird oder ob sie kurzzeitig zur Jagd *befördert* wird, ist aufgrund der neuesten

Gesetzeslage eher ein juristisch akademisches Problem, dessen Notwendigkeit einer gerichtlichen Klärung aus Sicht des Jägers deshalb mit Rücksicht auf den möglichen Verlust der waffenrechtlichen Erlaubnis und/oder gar des Jagscheines von vornherein ausgeschlossen werden sollte.

Um somit heute auf dem »rechtlich sicheren Weg« als Jagdscheininhaber beim Befördern der Waffe zu sein, sollte man für sich persönlich keinen Unterschied mehr machen, ob die Schußwaffe zum *nahegelegenen* Revier oder zu einem *weiter weg* gelegenen Revier, insbesondere im Falle einer Jagdeinladung, befördert oder transportiert wird.

Der Unterschied besteht ohnehin allenfalls noch in der Frage, ob die Waffe in einem Behältnis befindlich sein muß (Fahrt zur weiter entfernten Jagdeinladung) oder auf dem Weg ins (›nahegelegene‹) Revier *offen* im Fahrzeug liegen kann. In beiden Fällen sind jedenfalls Munition und Waffe im Fahrzeug getrennt aufzubewahren! Dies gilt für alle Schußwaffen, also auch und im besonderen für die Faustfeuerwaffe, vor deren privatem Besitz der Gesetzgeber dieses Waffengesetzes offensichtlich ganz besondere Angst hatte (!).

Auch heute noch können die Brötchen mit umgeschnallter Faustfeuerwaffe beim Rückweg vom Frühansitz gekauft werden. Die Waffe muß allerdings vollständig abmunitioniert sein. – Erlaubt sei an dieser Stelle der Hinweis, daß anläßlich eines eventuellen nachjagdlichen Besuches einer Gaststätte aufgrund der derzeit geltenden rechtlichen Regelung und Rechtsprechung zum Aufbewahren von Waffen es angeraten ist, dieselbe nicht im Kofferraum oder sonstigem Behältnis im Fahrzeug zu belassen, sondern das Gewehr mit in den Schankraum zu nehmen und dort unter Aufsicht bei sich zu behalten.

Aufbewahrung von Waffen im Auto

Würde eine Waffe anläßlich eines Gasthausbesuches aus oder mit dem Fahrzeug gestohlen, wäre hier auch ein Verstoß gegen waffenrechtliche Aufbewahrungspflichten gegeben. Diese bislang gerichtlich vertretene Verhaltensweise soll möglicherweise (?!) durch die bereits oben erwähnte, zum jetzigen Zeitpunkt noch ausstehende DVO zum WaffG von 2003 geändert werden.

»Transportieren«

Anders ist die Rechtslage, wenn der Jäger – oder auch ein Nicht-Jäger – die Waffe lediglich von einem Ort, an dem er zu deren Besitz berechtigt ist (z.B. seine Wohnung), zu einem anderen Ort, an dem er sie ebenfalls besitzen darf (z.B. Schießstand, Büchsenmacher) transportiert. Solchenfalls gilt für Jäger wie Nicht-Jäger gleichermaßen, daß die Waffe nicht ›geführt‹ werden darf. Sie muß getrennt von der Munition im Fahrzeug untergebracht sein. Am besten eignet sich hierzu das Verstauen der Waffe in einem Futeral sowie Waffe und Munition von einander getrennt im Wageninnern beziehungsweise im Kofferraum aufzubewahren.

Kommt man nun in das angestrebte Revier, sei es als Jagd-›Besitzer‹, also Pächter oder Mitpächter oder als Eigenjagdbesitzer (auch der Staat ist insofern Eigenjagdbesitzer), mithin als Jagdausübungsberechtigter aus abgeleitetem Recht, gepachtet von den Jagdgenossen oder dem Eigenjagdbesitzer, oder aus originärem Recht, eben als Eigentümer der bejagbaren und als Jagdrevier ausgewiesenen Grundfläche oder als Gast (mit oder ohne entgeltlichem oder unentgeltlichem Jagderlaubnisschein) beginnt man mit der Ausübung des Jagdrechts.

Begriff: Jagdrecht

Das Gesetz schützt das Jagdrecht, also das Recht jagdbaren Tieren nachzustellen, sie zu töten und sie sich aneignen zu können, als solches. Gerade in jüngster Zeit bedurfte es zum Schutze der Ausübungsmöglichkeit der Jagd neuer Gesetzesinitiativen, um gegen Behinderungen Dritter bei der Jagdausübung wirksam vorgehen zu können. Auch dies ist ein Beispiel für den erwähnten Wertewandel; während früher der Schutz des Aneignungs- und mithin auch Erlegungsrechts im Vordergrund stand, ist es heute die Notwendigkeit des Schutzes, dieses Recht überhaupt ausüben zu können. Gleichwohl wird man

Hoher gesetzlicher Schutz des Jagdrechts

sagen können, daß das Jagdrecht selbst einen hohen rechtlichen Schutz genießt. Dieser ist nachgerade ›martialisch‹, wenn man abstrakt die vergleichsweise hohen Strafandrohungen für Wilderei betrachtet. Diese – durchaus historisch bedingte – hohe Strafmöglichkeit wird zwar von (i.d.R. wohl nicht-jagenden) Juristen gelegentlich belächelt. Der Gesetzgeber hat jedoch erkennbar bislang keine Lockerung des strafrechtlichen Jagdrechtschutzes in Betracht gezogen. Dies erscheint auch im Rahmen der gesetzlichen Regelung der Jagd, die sich neben dem Jagen auch mit einer sehr umfangreichen Besitz- und Benutzungserlaubnis von Schußwaffen beschäftigt, in jeder Hinsicht gerechtfertigt. Auch auf dem Gebiet des Zivilrechts ist es ungeteilte Meinung, daß das Jagdrecht durch § 823 BGB als sogenanntes ›sonstiges Recht‹ ein Rechtsgut darstellt, welches den vollen Schutz genießt, was bedeutet, daß bei Beeinträchtigung dieses Rechts sowohl Schadensersatz, als auch – falls möglich – ein Unterlassen der Rechtsgutsverletzung verlangt werden kann.

Eingriff in fremdes Jagdrecht

Der Stellenwert des Jagdrechtschutzes innerhalb des in Deutschland herrschenden Reviersystems, das systemimmanent sich die Jagdscheininhaber auf den zur Verfügung stehenden Jagdflächen (=Jagdbezirken) in ihrer Eigenschaft als Jagdausübungsrechtsinhaber waidmannssprachlich gar ›feindlich‹ gegenüberstehen läßt, wird auch auf dem Gebiet der Jagdrechtsregelung selbst deutlich.

Wildfolge

Werfen wir hierzu einen Blick auf die Wildfolgeregelung des BJG. Hier wird durch das Gesetz die mit Blick auf den Tierschutz doch wohl eigentlich in jeder Hinsicht zu befürwortende schnelle Tötung eines kranken Stückes Wild ausdrücklich untersagt, soweit es sich nicht um ein von der Reviergrenze aus in Sichtweite des Nachbarrevieres im Wundbett sitzendes Stück Schalenwild handelt (vgl. § 22a BJG). Der Schutz des fremden Jagdrechts erfordert es also, daß trotz Erforderlichkeit einer Nachsuche das fremde Jagdgebiet grundsätzlich nicht betreten werden darf. Aber der Gesetzgeber sieht andererseits die Notwendigkeit der Erfüllung der Aufgaben des Tierschutzes ebenfalls ein und hat daher in demselben Gesetz zwingend geregelt, daß die ›feindlichen‹ Jagdausübungsrechtsinhaber eine privatschriftliche Wildfolgevereinbarung treffen müssen, damit im Falle jagdbezirksübergreifender Nachsuchen schnelles Handeln möglich und der Eingriff in das fremde Jagdrecht erlaubt ist. – Eine Sonderregelung ist in Rheinland-Pfalz zwischenzeitlich ausdrücklich für bestätigte Schweißhundführer getroffen worden, die ohne Unterbrechung und Verständigung des jeweiligen Jagdausübungsberechtigten eine Nachsuche fortsetzen und gegebenenfalls durch Fangschuß beenden können.

Privatschriftliche Wildfolgevereinbarung

Sonderregelung Rheinland-Pfalz

Von dieser einmaligen Ausnahme abgesehen, ist also für jede Art von Jagdausübung ohne besondere private Vereinbarung zwischen den Reviernachbarn an der Reviergrenze das Ende erreicht; es sei denn das Gesetz selbst toleriere aus bestimmten Gründen den korrekten (!) Eingriff in fremdes Jagdrecht. Aber selbst die Jägernotwegregelung stellt keinen gesetzlichen Eingriff in fremdes Jagdrecht dar, da ja gerade die besonders reglementierte Verhaltenspflicht des Notwegnutzers dessen Nichtberechtigung zur Jagdausübung ausdrücklich unterstreicht. Obendrein unterstreicht der Gesetzgeber durch die strenge Verhaltensreglementierung, daß bereits eine Beeinträchtigung des fremden Jagdrechts allein dadurch zu besorgen ist, daß ein fremder Jagdbezirk von einem zur Jagd ausgerüsteten, aber nicht autorisierten Mit-Jäger nur betreten wird, selbst wenn dabei die Jagd von ihm nicht einmal beabsichtigt ist oder gar ausgeübt wird.

Jägernotweg

Indessen sind aber Lebenssituationen denkbar, die zumindest eine rechtliche Duldungspflicht für den beeinträchtigten Jagdausübungsberechtigten denkbar erscheinen lassen. Eine solche kann durch das Gesetz nicht vollkommen ausgeschlossen sein. So hat die Recht-

»Überjagen« bei Stöberjagden

Stöberjagdurteil AG-Holzminden

Entfernung zur Reviergrenze

sprechung auch tatsächlich in ganz engen Grenzen eine solche Duldungspflicht bejaht. Für den jagenden Menschen existiert sie unmittelbar gar nicht. Aber für das Überjagen von Hunden bei Treib- oder Stöberjagden stellt das AG-Holzminden, Akz. 2 C 982/93 in seiner unter dem Namen Stöberjagdurteil bekannt gewordenen Entscheidung fest, daß eine solche Duldungspflicht dann in Betracht kommen könnte, »wenn es sich bei dem Überjagen der Jagdhunde um einzelne Ausnahmefälle« handeln würde und der betreffende Jagdveranstalter alles erforderliche unternommen hätte, um dieses Überjagen zu verhindern. Hierbei zieht das Gericht für die Sorgfaltspflicht des Jagdveranstalters strenge Grenzen. So sei selbst das Abstellen von Schützen in relativer Entfernung von der Reviergrenze jedenfalls dann kein ausreichender Schutz vor dem Überjagen der Hunde, wenn – wie im konkreten Fall – beispielsweise auf eine Entfernung von circa 150 Metern ein Schütze einen hetzenden Hund beobachtet hätte, und schon aus Gründen dieser Entfernung nicht davon ausgegangen werden kann, daß dieser Schütze den betreffenden Hund noch vor der Reviergrenze zum Abbruch der Hetze bewegen könnte. Gleiches dürfte dann wohl auch für kürzere Entfernungen gelten, wenn die Grenze durch eine Dickung oder hohes Holz führt. Auch hier wird dem freijagenden Hund die unsichtbare Grenze angesichts von Wild oder warmer Fährte kein Hindernis sein, seinen Jagdtrieb auszuleben.

In dem konkreten Lebenssachverhalt über den das Gericht zu entscheiden hatte, waren während einer Treibjagd Hunde in zumindest grob fahrlässiger Weise auch zum Durchstöbern einzelner Gehölze veranlaßt worden, die sich auf einem angrenzenden Jagdbezirk befanden. Das Gericht stellte zunächst klar, daß es eine Verletzung des Jagdrechts sein kann, »wenn Hunde, insbesondere ausgebildete Jagdhunde, in einem fremden Jagdrevier Wild aufstöbern oder jagen« (AG-Holzminden aaO, auch *Die Pirsch*, 23/95, S.87). Das reine Stöbern selbst sei bereits die Rechtsgutsverletzung, also die Verletzung des fremden Jagdrechts. Es komme hierbei nicht notwendigerweise darauf an, daß das Stöbern auch noch erfolgreich sei, also ein Stück Wild hierbei tatsächlich aufgemacht und möglicherweise dann sogar in das eigentlich bejagte Revier herüber getrieben und dort zur Strecke gebracht wird.

Absprache mit dem Reviernachbarn

Daß die Durchführung einer Stöberjagd allein unter den Bedingungen des geschriebenen, abstrakten Gesetzes in einer erheblich restriktiveren Weise geschehen muß, als dies der Fall sein könnte, wenn die betreffenden Reviernachbarn sich vorher vernünftig über die Durchführung der speziellen Jagd einigen würden und mithin das Überjagen als rechtlich relevante Rechtsgutsverletzung wegen vorheriger Zustimmung der Beteiligten ausgeschlossen wäre, versteht sich wohl von selbst. Aber auch wenn eine solche Absprache nicht vorliegt muß ein zufälliges, einmaliges Überjagen eines Hundes trotz Beobachtung der erforderlichen Sorgfalt, also beispielsweise der Bejagung eines in deutlicher Entfernung von der Reviergrenze liegenden Teiles, geduldet werden und kann nicht zu unangemessenen rechtlichen Konsequenzen führen; auch nicht, wenn man gleichwohl weiß, daß auch ein solches Überjagen die tatbestandliche Rechtsgutsverletzung darstellt. Ein solcher Eingriff ist aber in der ganz überwiegenden Zahl der Fälle, wenn sich nämlich Jäger waidgerecht verhalten, von dem Verletzten zu dulden, da von einem allenfalls einfachfahrlässigen Überjagen der Hunde auszugehen ist und grundsätzlich mit einer ordnungsgemäßen Jagdausübung, also der Beobachtung der Hunde durch ihre Führer und deren entsprechende Einflußnahme auf die vierbeinigen Jagdhelfer auszugehen ist. Werden die Hunde aber geradezu vorsätzlich zum Suchen in das Nachbarrevier entlassen, kann das nur als zu ahndender Jagdrechtsbruch angesehen werden.

Zum vorsätzlichen Suchen geschickt

Liegt ein solcher Jagdrechtsbruch vor, ist er in den weitaus meisten Fällen nicht allein unter dem Aspekt der zivilrechtlichen Rechtsgutsverletzung zu bewerten, sondern er hat auch eine strafrechtlich relevante Seite. Das (vorsätzliche) billigende Inkaufnehmen des Überjagens von Jagdhunden in ein fremdes Revier und dessen rechtliche Beurteilung führt mithin zwangsläufig zur Betrachtung der rechtlichen Problematik des Begriffs der Wilderei.

Wilderei

Das Strafgesetzbuch sieht für einen Jagdrechtsbruch immerhin eine Freiheitsstrafe von bis zu fünf Jahren oder eine Geldstrafe vor. Wörtlich bestimmt § 292 StGB u.a. folgendes: »Wer unter Verletzung fremden Jagdrechts dem Wilde nachstellt, es fängt, erlegt oder sich zueignet ... wird ... bestraft.« In Absatz 2 desselben Paragraphen heißt es weiter: »in besonders schweren Fällen, insbesondere wenn die Tat ... von mehreren mit Schußwaffen ausgerüsteten Tätern gemeinsam begangen wird, ist auf Freiheitsstrafe von drei Monaten bis zu fünf Jahren zu erkennen.«

Auch ein Jäger kann wildern!

Schon aus dem Gesetzestext geht leichtverständlich hervor, daß unter dem Begriff Wilderei keineswegs ausschließlich zu verstehen ist, daß ein Nichtjäger oder auch ein Nichtjagdausübungsberechtigter oder sonstwie Nichtlegitimierter ein dem Jagdrecht unterliegendes Tier tötet und es sich aneignet. Vielmehr genügt bereits das bloße ›Nachstellen‹, um eine vollendete Wilderei zu begehen.

Schon das »Nachstellen« ist wildern

So hat die Rechtsprechung das Tatbestandsmerkmal ›Nachstellen‹ beispielsweise für den Fall bejaht, wenn Wild aus einem fremden in das eigene Jagdrevier getrieben wird und in das Erlegen unmittelbar übergehen soll. Die entsprechende Entscheidung ist so vom Bayerischen Obersten Landesgericht bereits am 28.01.1955 gefällt worden. Das Gericht beurteilte konkret den Fall, ob das Aufstöbern eines Hasen im Nachbarrevier, der schließlich dann anläßlich der durchgeführten Treibjagd zur Strecke kam, als Wilderei zu bewerten sei oder nicht. Es stellt klar, daß jemand, der sich bei einer Treibjagd Wild aus einem fremden auf das eigene Jagdgebiet zutreiben läßt, damit unter Verletzung des fremden Jagdrechts dem Wild nachstellt. Das Gericht betont, daß solches Sichzutreibenlassen bei einer Treibjagd bereits ein Teil des Jagens selbst sei und nicht bloß als eine Vorbereitungshandlung bewertet werden könne. Hierbei komme es auch darauf nicht an, ob tatsächlich Wild über die Grenze getrieben und vom Täter tatsächlich geschossen werde. Denn für das Vorliegen einer Jagdausübung sei es nicht notwendig, daß ebenfalls die Besitzergreifung an dem gejagten Wild erfolge (vgl. BayObstLG, Ga 55,247). Bedenkt man nun zudem, daß dieses Sichzutreibenlassen auch noch anläßlich einer Treibjagd geschieht, sind also auch noch mehrere Jäger gemeinschaftlich mit ihren Schußwaffen daran beteiligt, könnte gar tatbestandlich ein Fall der schweren Wilderei vorliegen, die immerhin mit einer Mindestfreiheitsstrafe von drei Monaten bedroht ist. Dieser Täter wäre mithin selbst bei Verhängung der geringst möglichen Strafe vorbestraft im Rechtssinne und hätte dadurch größte Schwierigkeiten seinen Jagdschein behalten zu können, beziehungsweise jemals eine Jägerprüfung ablegen zu können.

Schwere Wilderei

Keine Wilderei ohne Vorsatz

Ebenfalls tatbestandlich ein Jagdrechtsbruch und mithin eine Wilderei begeht rein tatbestandlich gesehen auch der Jagdgast, der ausgerüstet mit Rucksack, Sitzstock, Dackel und Drilling nach vielstündigem Ausharren auf dem Stand bei aufkommendem Nebel und anbrechender Dunkelheit nun doch endlich, nachdem er seit Stunden weder Hörnerklang oder Hundegeläut noch Schießlärm oder Automotoren gehört hat, den Entschluß faßt, die Jagdausübung zu beenden, und sich anschickt den Stand zu verlassen und bewohnte Gebiete aufzusuchen, um sich in die Zivilisation zurückzumelden. Wird dieser, im allgemeinen ortsunkundige und in der Regel trotz scharfer Bewaffnung eher harmlose Waidgenosse dann

»Der vergessene Jagdgast«

im Nachbarrevier herumirrend von dem dort zuständigen Jagdausübungsberechtigten oder dessen Vertreter angetroffen, dem er ebenso fremd, wie uneingeladen vorkommt, wird er ihn mit sichtlich erleichtertem ›Waidmannsheil‹ begrüßen und die angebotene Rückführung zu ›seiner‹ Treibjagd gerne annehmen. Selbstverständlich hat dieser Irrläufer nicht mit rechtlichen Konsequenzen zu rechnen, da ihm für seine Fehlleistung die Schuld fehlt. Den einladenden Jagdpächter aber muß man darauf hinweisen, daß er beim nächstenmal seine Treibjagd ordentlicher plant. – Der geneigte Leser hält die vorstehende Schilderung für theoretisch? Gehe er in sich oder frage er am Stammtisch nach. Der vergessene Jagdgast kommt öfter vor, als man glauben sollte. – Auch nicht anders zu beurteilen kann es sein, wenn ein Jäger, wie es heutzutage jederzeit vorkommen kann, auf dem Wege zur oder von der Jagd zufällig Zeuge eines Verkehrsunfalls mit Wild wird oder gar selbst in einen solchen verwickelt wird und dann dem auf der Straße oder im Graben liegenden verletzten Tier den Fangschuß gibt. Merkwürdigerweise ist diese hier vertretene Ansicht nicht unstreitig. Es trifft zwar zu, daß das Tötungsrecht allein dem örtlich zuständigen Jagdausübungsberechtigten oder dessen Vertreter zusteht. In einem solchen Fall aber, bei dem es nicht um das jagdliche Tötungs- und Aneignungsrecht, sondern allein um die Erlösung des Tieres von Verletzungs- und Angstqualen geht, muß die Beachtung des Tierschutzgesetzes, das die unnötige Schmerzzufügung von Wirbeltieren ausdrücklich verbietet, ein in jeder Hinsicht rechtlich ausreichender Rechtfertigungsgrund für das Handeln des über die erforderlichen Materialien verfügenden Menschen, der hier zu fällig auch ein Jäger ist, sein. Selbstverständlich kommt eine solche Verhaltensweise nur in Betracht, wenn das verletzte Tier vorort anwesend ist. Die Durchführung einer ›Nachsuche‹ obliegt ausschließlich dem zuständigen Jagdausübungsberechtigten, der von dem Wildunfall unverzüglich zu verständigen ist. Ihm obliegt auch ausschließlich die Inbesitznahme des getöteten Tieres.

Notstand: Wildunfall

Abschließend zur Problematik des Eingriffs in fremdes Jagdrecht und der mit ihm verbundenen Zuwiderhandlungen noch ein Blick auf zwar nicht strafrechtlich bedeutsame, gleichwohl aber eine Ordnungswidrigkeit darstellende Sachverhalte. Solche sind zum einen Bußgeld bewehrt und können damit gleichfalls als empfindliche Bestrafung empfunden werden. Darüberhinaus aber können sie auch den Entzug der Jagderlaubnis (des Jagdscheins) zur Folge haben.

Ordnungswidrigkeiten

Schußabgabe aus dem fremden Revier ins eigene

Wie ist es beispielsweise zu beurteilen, wenn ein Jagdberechtigter beim Angehen in sein Revier dort eines Stückes Wild ansichtig wird, dessen Erlegung ihm so am Herzen liegt, daß er es noch aus dem fremden Jagdrevier heraus beschießt? In einem solchen Fall liegt eine Verletzung fremden Jagdrechts nicht vor. Für die Beurteilung dieses Tatbestands kommt es nicht auf den Standort des Schützen an, sondern auf denjenigen des bejagten Wildes. Der Jäger, der von fremden Jagdgebiet aus sozusagen – unjuristisch ausgedrückt – auf ›eigenes‹ Wild schießt, begeht also zwar keine Jagdwilderei; aber gleichwohl eine Ordnungswidrigkeit im Sinne des § 39 Abs.2 Nr.6 BJG, da er sich bei der Schußabgabe auf fremdem Jagdgebiet befunden hatte. – Zur Erinnerung, der Jäger der auf eigenem Boden ›fremdes‹ Wild erlegt, begeht

Wilderei

Wilderei. Das gleiche gilt, wenn er ein im eigenen Revier beschossenes Stück Schalenwild, welches auch nur Zentimeter jenseits der Reviergrenze verendet ist, ohne ausdrückliche Wildfolgevereinbarung herüberzieht oder gar unangemeldet verwertet.

Überschreitung des Abschußplans

Selbst die Überschreitung des Abschußplanes, die bis vor kurzem noch tatbestandlich als Wilderei zu bewerten war, und dazu führte, daß so mancher ›Lebenshirsch‹ die Wände von Landratsämtern oder Bezirksregierungen zierte, ist nach neuester rechtlicher Regelung nur noch als Ordnungswidrigkeit geahndet. Doch auch Ordnungswidrigkeiten müssen, um strafbewehrt sein zu können, schuldhaft, das heißt vorwerfbar, begangen werden. Dies vorausgesetzt ist daher nicht davon auszugehen, daß die Behörde ein Bußgeld verhängt, wenn beispielsweise bei einer Drückjagd von der Jagdleitung ein Alttier und ein Kalb freigegeben werden und in demselben Treiben von unterschiedlichen Schützen, die zueinander keinen Sichtkontakt hatten, jeweils ein Alttier mit Kalb gestreckt worden wäre. Anders ist der Sachverhalt freilich zu beurteilen, wenn es in unter-

Doppelabschuß

schiedlichen Treiben zu einem solchen Doppelabschuß

käme und die Jagdgesellschaft nach der Erlegung des ersten Paares zusammengekommen war und über den getätigten Abschuß unterrichtet wurde. – Kritisch sei an dieser Stelle die Bemerkung erlaubt, daß ohnehin dem aktuellen Zeitgeist entsprechend die neueren gesetzlichen Regelungen für den Abschuß von Schalenwild deutlich dessen Töten favorisieren. Der ausdrücklich gesetzlich erlaubte Abschuß von Schwarzwild an sogenannten Kirrplätzen, die ernsthaft von Landtagsabgeordneten, die sich dem Erhalt der Natur besonders verschrieben zu haben behaupten, geforderte Abschußverpflichtung von Reh- und Rotwild an der Fütterung – Verzeihung, natürlich: Kirrung (!) –; die bis hin zur Androhung von Bußgeldverhängung oder Jagdscheinentzug geforderte und überwachte Erfüllung völlig übersetzt erteilter Abschußpläne für eben dieses Reh- und Rotwild, wird im Ergebnis dazu führen, daß wir Jäger uns bald über Jagdrechtsbrüche nicht mehr aufzuregen brauchen, jedenfalls nicht über solche, an deren Ende die Tötung eines dem Jagdrecht unterliegenden Tieres steht. Denn wo keine wilden Tiere sind, kann man auch keine töten. – Ebenso schwer erträglich ist es, wie in den letzten Jahren durch den Verfasser selbst mehrfach erlebt, wenn bei einer alleinigen Freigabe von Kälbern schließlich mehrere Schmaltiere oder Alttiere zur Strecke liegen und man die Erleger hämisch grinsend den Bruch entgegennehmen sieht, wohl wissend, daß mit Hilfe der Nachbewilligung ihr sowohl absprache- wie rechtswidriges Verhalten im Nachhinein gebilligt, ja sogar legalisiert wird. Das alles im Namen der Erhaltung eines gesunden Waldes. – Aber: Vorsicht! Solche Sachverhalte, wie vorstehend geschildert, sollte sich der ›gemeine‹ Jagdpächter nicht erlauben! Noch gilt das Gesetz, wonach erst die Freigabe und dann die Erlegung zu erfolgen hat.

Schwarzwild-Abschuß an Kirrungen

Schadenshaftung

Aber nicht nur das Jagdrecht selbst birgt eine Vielzahl von Möglichkeiten mit dem Gesetz in Konflikt zu geraten. Vielmehr führen auch häufig genug die Jagdausübung oder mit ihr in nahem Zusammenhang stehende Tätigkeiten zu Rechtsgutsbeeinträchtigungen Dritter, sei es durch Personen- oder durch Sachschäden. Haftungsrechtliche Probleme im Zusammenhang mit der Jagdausübung sind daher der zweite große Bereich, in dem es zu nachhaltiger Berührung des Jägers mit dem Recht kommen kann. Es ist daher nur konsequent, wenn bereits die Erteilung eines Jagdscheins zusätzlich zur nachgewiesenen bestandenen Jägerprüfung voraussetzt, daß der Abschluß einer entsprechenden Jagdhaftpflichtversicherung gegenüber der Behörde nachgewiesen wird. Die Tötung oder Schwerstverletzung eines Menschen kann gleichwohl noch dazu führen, daß der Unglücksschütze selbst in wirtschaftliche Not gerät.

Kein Jagdschein ohne Versicherung

Personenschaden

Die wichtigste und in der Regel folgenschwerste Fehlleistung, die bei der Jagd erbracht werden kann, ist der fahrlässige Umgang mit der Schußwaffe. Neben der bereits eingangs als Jägerweisheit zitierten Tatsache, daß die verschossene Kugel in aller Regel eher ein Schadensersatzrisiko nach sich ziehen kann, als die, die im Lauf geblieben ist, ist auch der Sinnspruch: »Was man nicht kennt, schieß man nicht tot«, unbedingt zu beherzigen und jederzeit bei der Jagdausübung zu beachten. Sowohl das sichere Ansprechen, daß es sich bei dem Ziel auf das man anlegt um ein Tier und schließlich auch noch um ein bestimmtes, abschußnotwendiges oder wenigstens -würdiges handelt, ist leider keine Platitüde. Vielmehr muß dieser Grundsatz jedem Jäger in Fleisch und Blut übergegangen sein. Nur wenn das anzuvisierende Ziel klar und eindeutig erkannt ist, darf die Schußabgabe in Erwägung gezogen werden. Dies gilt sowohl aus waidmännischen Gründen gegenüber der Kreatur, der das Weiterleben genommen werden soll, wie und insbesondere aus Sicherheitsgründen gegenüber Menschen, deren Leben oder Gesundheit gefährdet sein können.

Genau Ansprechen!

Das gleiche gilt für die Situation der Schußabgabe selbst. Die häufig gehörte Mahnung, es müsse gewachsener Boden als Kugelfang vorhanden sein, ist die absolute Mindestvoraussetzung. Darüberhinaus sind Bodenbeschaffenheit, Witterung (Eis, Trockenheit, Morast) sowie Auftreffwinkel entscheidend. – Geradezu unglaublich und bereits an die Grenze der Fahrlässigkeit zum bedingten Vorsatz angrenzend wertet es der Verfasser, wenn – wie immer wieder gehört – ›der Wald‹ oder ›die Hecken‹ als völlig ausreichender Kugelfang bezeichnet werden. Dies ist kein Kugelfang! Wer sich so verhält nimmt die eventuelle Verletzung oder Tötung Dritter, beziehungsweise Sachbeschädigungen annähernd billigend in Kauf (bedingter Vorsatz im strafrechtlichen Sinne), hier unter dem Motto: es wird schon gut gehen; für sich noch luxuria (grobe Fahrlässigkeit) in Anspruch nehmen zu wollen, kann allenfalls im Wege der Einzelfallgerechtigkeit ein Ausdruck richterlicher Gnade sein. – In dem Zusammenhang ist auch der geradezu dümmliche Spruch: ›nicht geschossen ist auch gefehlt‹, in jeder Hinsicht zu ächten. Mitjäger, die solche Erklärungen abgeben, wenn andere wegen Dunkelheit, Geländebedingungen oder sonstigen Gründen die Schußabgabe unterließen, sind ebenso zu bewerten, wie Menschen, die einen bekannt Alkoholabhängigen zum Mitzechen animieren. – Es sind daher bei der Schußabgabe und im Jagdbetrieb überhaupt immer die 10 Verhaltensregeln, die auf jedem Jagdschein abgedruckt sind, unbedingt zu beachten. Auch wenn diese Regeln beherzigt, beherrscht und eingehalten werden, kommt es dennoch sowohl durch Fahrlässigkeit als auch durch mangelhafte Aufmerksamkeit bedingt durch Routine (!) häufig genug zu den tragischsten Unfällen.

Kugelfang

Wald und Hecken sind kein Kugelfang

Die 10 Regeln des Jagdscheins

Um solchen vorzubeugen ist der Jagdberechtigte, beziehungsweise der Jagdleiter einer Gesellschaftsjagd beispielsweise berechtigt und aus haftungsrechtlicher Sicht

Versicherungspflicht bei Treibjagd

Hinweisschilder

nahezu verpflichtet, Hinweisschilder mit dem Achtungszeichen und der zusätzlichen Aufschrift »Vorsicht Jagdbetrieb« oder ähnlichem an Straßen aufzustellen, damit vorüberkommende Verkehrsteilnehmer zu gehobenerer Konzentration auf eventuell über die Fahrbahn flüchtendes Wild angehalten werden. Ebensolche Schilder können an Fußgängerwegen angebracht werden, um Spaziergänger zu warnen. Derartige Hinweisschilder oder auch menschliche Posten haben zwar verkehrsrechtlich insoweit keine Bedeutung, als hierdurch die Benutzung der Wege nicht untersagt wird und werden kann. Sollte aber ein Revier oder eine über mehrere Reviere gehende bejagbare Fläche aus besonderen geologischen, biologischen oder sonstigen Gründen (beispielsweise Abschuß zur Eindämmung von Seuchengefahr) bejagt werden müssen, könnte ein Antrag auf Sperrung von Wegen und Straßen im Wege der Sondernutzung mit einiger Aussicht auf Erfolg bei der zuständigen Behörde gestellt werden. Solchenfalls würde dann die Straße durch Polizeiverfügung gesperrt. – Haftungsrechtlich ist grundsätzlich von einer Verkehrssicherungspflicht des Jagdveranstalters auszugehen. Der Hinweis auf die erhöhte Wildwechselgefahr beim Straßenverkehr ist daher dringend anzuraten. Bei Einhaltung der erforderlichen Warnmaßnahmen, die insbesondere geländeabhängig sind, und daher auch und insbesondere in einer ›Postenkette‹ bestehen können, kann sich das Verschulden des Jagdleiters auf Null reduzieren und mithin eine Haftung ausgeschlossen sein (vgl. v.Pückler, Jagd und Justiz, Ziff.12 und die dort zit. Rechtsprechung). Im übrigen wird es von der Schwere der Verletzung abhängen und immer eine Einzelfallentscheidung des erkennenden Gerichts bleiben, inwieweit beispielsweise einen Spaziergänger ein Mitverschulden trifft, wenn er trotz Hinweises seinen Weg fortsetzt und dann durch Geschoßeinwirkung verletzt wird. Für die Urteilsfindung spielen hier die Faktoren, Einweisung des orts-

Antrag auf Wegesperrung

Erhöhte Wildwechselgefahr!

fremden Schützen, dessen eigenes Verhalten und das Verhalten des Geschädigten im Zusammenwirken eine jeweils fallindividuelle Rolle. – Ähnlich gelagert ist der Sachverhalt, daß ein Schütze anläßlich einer Nachsuche das vor ihm vom Schweißhund gestellte Stück beschießt und hierbei den herbeieilenden Hundeführer verletzt, dem allein ›das Recht‹ zur Abgabe des Fangschusses auf das gestellte Stück zusteht. Dieses ›Recht‹ ist zwar nicht kodifiziert. Es ist aber eine jedem Jagdscheininhaber durch die Ausbildung und jagdliche Praxis bekannte Verhaltensmaßregel. Sie stellt im Grunde nur eine Analogie zu der als Nr.6 auf dem Jagdschein abgedruckten Regel dar, wonach mit der Kugel nur mit ›ausdrücklicher Genehmigung‹ des Jagdleiters in das Treiben geschossen werden darf. Zwar ist der Begriff: Genehmigung aus juristischer Sicht unglücklich gewählt, da die juristische Genehmigung eine nachträgliche Zustimmung bedeuten würde, hier aber ganz sicher eine vorherige Zustimmung, also eine Einwilligung gemeint ist (vgl. § 108 BGB). Das allgemeine sprachliche Verständnis des Begriffs Genehmigung geht aber über diese Begrifflichkeit dahingehend hinaus, daß jedem Jäger mit aller Deutlichkeit klar sein muß, daß er nicht mit der Kugel in das Treiben schießen darf, es sei denn, es wurde ihm von dem anstellenden Jagdleiter an diesem Stand unter Hinweis auf die Geländeformation und Nachbarstände ausdrücklich erlaubt.

Das Fangschußprivileg des Hundeführers

Sachbeschädigungen

Neben der Schädigung von Personen ist natürlich auch die Sachbeschädigung bei der Schußabgabe jederzeit möglich. Neben dem Treffer auf in der Ferne abgestellte Fahrzeuge oder der ›verirrten‹ Kugel, die in einem Gehöft einschlägt, kommt es leider auch häufig zu unmittelbaren Eigentumsverletzungen beispielsweise die Tötung eines an der Treibjagd beteiligten Hundes. Fast jeder hat schon von dem geradezu legendären Terrier gehört, der auf der dem Schützen abgewandten Seite der groben Sau ›unsichtbar hängte‹ und durch die austretende Kugel höchst bedauerlicherweise mit dem Schwein in die ewigen Jagdgründe befördert wurde. Nun – der-Keiler-reitende Terrier hat sicherlich Pech gehabt. Ob sein Herr aber Schadensersatz für ihn verlangen kann, ist wieder eine Einzelfallentscheidung und wird vorliegend im wesentlichen eine Beweisfrage sein. Ist es nachweisbar, daß der Schütze die Anwesenheit des Hundes ›an der Sau‹ hätte erkennen müssen – beispielsweise weil der Hund laute Knurrgeräusche abgegeben hat oder weil er durch die Fluchtbewegungen des Wildschweins und seine eigenen eifrigen Bemühungen dieses totzubeißen gelegentlich über dessen Rücken hochgeschleudert wurde o.ä. – so wird man von einem Verschulden des Schützen ausgehen müssen, andernfalls aber nicht. Konnte er den Hund weder sehen, noch hören, fehlt es wohl an der Sorgfaltspflichtverletzung.

Der reitende Terrier

Kugel trifft hetzenden Hund

Anders ist der Fall zu beurteilen, wenn der Hund sichtbar hinter dem Wilde herhetzt und die der Sau geltende Kugel den tapferen Jagdhelfer trifft. In einem solchen Fall ist wohl davon auszugehen, daß der Schütze seine Schießfertigkeit überschätzt hat und in dieser Fehleinschätzung den Schuß trotz Erkennens der möglichen Gefahr für den Hund abgegeben hat. Dies ist ein typischer Fall der groben Fahrlässigkeit (luxuria), denn der Täter hat in Kenntnis der möglichen Erfolgsgefahr in dem Gedanken gehandelt: »es wird schon gut gehen!« Hier ist Haftung gemäß § 823 BGB gegeben, der besagt, daß man den Schaden ersetzen muß, den man einem anderen rechtswidrig und schuldhaft beigebracht hat. Der Hundehalter hätte also gegen den Schützen einen Anspruch auf Schadensersatz.

Der »falsche« Fuchs

Der im Ergebnis gleichen Beurteilung unterliegt auch der Fall, daß der Langhaarteckel irrtümlich als Fuchs ›gestreckt‹ wird. Hier hat der Schütze zwar den Hund gar nicht erst als solchen erkannt. Er hat aber nicht sorgfältig genug abgewartet und das vermeintliche Wild fehlerhaft angesprochen, wodurch in ihm ein Irrtum über das tatsächlich Gesehene erregt und er zur Schußabgabe verleitet wurde. Diese Außer-Acht-Lassung der im Verkehr erforderlichen Sorgfalt (Legaldefinition für Fahrlässigkeit, vgl. § 276 Abs.1 Satz 2 BGB) zieht naturgemäß die volle Haftung für den entstandenen Schaden nach sich.

Schädigungen ohne Waffe

Neben der besonderen Sorgfalt im Umgang mit der Schußwaffe, ist bei der Jagdausübung sowohl bei der Einzeljagd als auch und insbesondere bei der Gesellschaftsjagd die Schädigung Dritter auch durch andere Faktoren möglich.

Jeder, der im juristischen Sinne einen Verkehr eröffnet, ist hierfür sicherungspflichtig, d.h. er muß alle ihm möglichen und zumutbaren Vorkehrungen treffen, um Schädigungen Dritter möglichst zu vermeiden. Dies gilt auch für die zur Jagdausübung erforderlichen jagdlichen Einrichtungen, wie insbesondere Hochsitze. Die Verkehrssicherungspflicht trifft den Jagdausübungsberechtigten im wesentlichen gegenüber denjenigen Personen, die zu deren Gebrauch befugt sind, die also mit seinem Einverständnis dieselben benutzen. Ist daher ein Hochstand baufällig und konkretisiert sich die Einsturzgefahr, wenn beispielsweise ein Jagdgast ihn erklettert, haftet der Jagdherr für den seinem Gast entstehenden Schaden. Von einer Haftung frei ist er, wenn der Hochsitz von erwachsenen Unbefugten benutzt wurde (vgl. v.Pückler, *Jagd und Justiz*, Ziff.11). Daraus ergibt sich also, daß das Betreten von Hochsitzen zumindest so erschwert werden sollte, daß Kinder hierzu nicht in der Lage sind.

Baufälliger Hochsitz

Aus den vorstehenden Beispielen ist zu ersehen, daß die jeweilige Einstandspflicht für den Ersatz eines bei der Jagdausübung entstandenen Schadens nicht immer leicht zuzuorten ist. Um dies zu vertiefen und zu verdeutlichen, abschließend noch ein Beispiel: Während einer Drückjagd, vornehmlich auf Rotwild und Sauen, waren von dem ausrichtenden Jagdherrn mehrere Hundemeuten zum Einsatz gebracht worden. Diese Meuten stammten teilweise von eingeladenen Jagdgästen, teilweise waren sie auch gegen Entgelt engagiert. Nach Abschluß der durchaus erfolgreichen Jagd versammelten sich Jäger, Jagdhelfer und Treiber am vorbestimmten Platz zum Streckelegen, als dort zunächst ein Gerücht die Runde machte, wonach sich die ›gemietete‹ Terriermeute selbständig gemacht haben sollte. Dieses Gerücht wurde bald zur Gewißheit. Die Meute war nach Abschluß der Jagd an einem Damwildgatter vorbeigekommen und hatte dieses ›gestürmt‹. Das Resultat waren mehrere getötete und zu tötende Tiere. – Die Schadensersatzpflicht wurde beim späteren Schüsseltreiben durchaus mit guten Argumenten kontrovers diskutiert. Im wesentlichen lassen sich zwei Meinungen herausstellen. Aus dem Gesichtspunkt des Verursacherprinzips wurde vorgetragen, daß ohne Durchführung der Gesellschaftsjagd die Meute nicht anwesend gewesen und mithin ein Schadenseintritt ausgeschlossen gewesen wäre. Konsequenz hieraus sollte sein, daß den Jagdausrichter die Schadensersatzpflicht träfe. Dieses Argument ist aber in seiner Logik viel zu generell und daher im weiteren prüfungsbedürftig. Äquivalenz-Überlegungen wie sie das Strafrecht anwendet, also die Bedingung zu suchen, die nicht hinweggedacht werden kann, ohne daß das schädigende Ereignis eingetreten wäre, führen hier nur bedingt zu einem Ergebnis. Der Ansatz der Haftungsprüfung muß in der Tätigkeit der Hunde selbst liegen. Wären sie anläßlich ihrer Stöbertätigkeit im Zuge der Drückjagdveranstaltung in das Wildgatter eingefallen, wäre diese Fehlleistung in unmittelbarem Zusammenhang mit der Jagdausübung zu sehen gewesen. Auch hätte man wohl annehmen können, daß es nicht jeder Lebenserfahrung zuwiderläuft, daß ein Terrier auch einen ›gefangenen‹ Hirsch in erster Linie als Hirsch und nur ganz entfernt als Gefangenen erkennt und ihn daher fröhlich jagen will. Solchenfalls wäre an eine gemeinsame Haftung des Jagdausübungsberechtigten

Hunde im Wildgatter

Wen trifft die Schadensersatzpflicht

zusammen mit dem kommerziellen Hundemeutenbesitzer zu denken gewesen. Denn insofern hätte man den Meuteführer als Verrichtungsgehilfen des Jagdherrn ansehen können, was unter bestimmten Voraussetzungen zur Haftung des Jagdherrn führen kann. Vorliegend war aber die Jagd selbst beendet. Mithin waren die Hunde wieder zu sichern und gegebenenfalls nach Versorgung in ihre Boxen zu verbringen gewesen. Dies hatte aber der Meutenbesitzer unterlassen; jedenfalls übte er nicht unmittelbaren Einfluß auf seine vierbeinigen Freunde aus. Hätten die Hunde nun noch ein Stück Wild gehetzt, wäre dies ein Eingriff in fremdes Jagdrecht gewesen, denn die Erlaubnisfrist zu diesem Tun war abgelaufen. Ebenso verhält es sich mit der Schädigung in dem Wildgatter. Hier war die Meute nicht angelegentlich der Jagd, sondern angelegentlich einer Unachtsamkeit ihres Besitzers eingefallen. Die Haftung muß in einer solchen Situation allein ihn treffen.

Jäger permanent mit dem Gesetz konfrontiert

Als Ergebnis dieser kurzen beispielhaften Darstellung rechtlicher Probleme im Zusammenhang mit der Jagdausübung muß konstatiert werden, daß der Jäger ›im Einsatz‹ während er eigentlich Erholung und Entspannung sucht, permanent mit dem Gesetz konfroniert ist. Grund deswegen das Jagen aufzugeben besteht aber nicht. Denn das Leben mit dem Recht trifft alle Menschen zu jeder Zeit gleich, nur die Rechtsgründe unterscheiden sich gelegentlich voneinander. Gleichwohl muß er sich aber insbesondere wegen des Umgangs mit der Schußwaffe einer ständigen besonderen Beobachtung der erforderlichen Sorgfalt unterziehen.

Dr. Peter Lamp

Waffen, Munition, Optik

Wie schon unter den Kapiteln Jagdarten behandelt, wo Organisation, Revierkenntnisse und Jagdtermin ganz wesentlich den Erfolg von Ansitz, Pirsch und »Bewegungsjagd« bestimmen, trifft dies in all diesen Fällen auch für die zweckmäßige Waffenausrüstung zu. Soweit es sich um die Bejagung von Schalenwild handelt, kann sich der Jäger an den nachstehenden Empfehlungen orientieren, wobei diese nicht als absolut bindend angesehen werden sollen, sondern als Entscheidungshilfe bei der Aus- und Umrüstung für eine erfolgversprechende Jagd zu verstehen sind.

Waffenwahl Entscheidend sind die Revierverhältnisse. Solange wir es nur mit unserer kleinsten Schalenwildart zu tun haben, ist die Waffenwahl relativ einfach. Von der Einzellader- über die Repetier- und Selbstladebüchse, bis zur Bockbüchsflinte und den Drilling, letzterer auch mit Einstecklauf, lassen sich nahezu alle Jagdwaffentypen sinnvoll einsetzen. Die Doppelbüchse wird beim Ansitz auf Rehwild weniger verwendet, zumal diese Laufanordnung in kleinen Kalibern selten ist und oft nichts bringt.

Rehwild-Patronen

1000 J auf 100 m Die Kaliberfrage ist zu unterteilen, denn einmal ist auf Rehwild die gesetzlich geforderte Mindestenergie (E_{100}) von 1000 Joule auf 100 m zu berücksichtigen und zum anderen wirken viele Kaliber und Geschoße auf und in dem schmalen Wildkörper nicht immer in der erwarteten Weise. Je nach den örtlichen Verhältnissen sind die Schußweiten sehr unterschiedlich. Im Wald können die Distanzen bei 40 bis 80 m liegen, während in der weiten Feldmark oder im Gebirge bis über 200 m geschossen werden muß. Diese Bandbreite erfordert eine überlegte Waffen-, Kaliber- und Laborierungswahl.

Kaliber .222 Rem. Grundsätzlich läßt sich ein Reh mit jedem gesetzlich zulässigen Kaliber ab .222 Rem. erlegen. Aus vielerlei

Rehwildpatronen in der Reihenfolge der E100 v. li.:

.222 Rem., .222 Rem. Mag., .223 Rem., 5.6 x 52 R, 9.3 x 72 R, 7.62 x 39, 5.6 x 50 Mag., .22-250 Rem., .30-.30 Win., 5.6 x 57, .243 Win., 6mm Freres

Rehwildpatronen mit Zulassung für anderes Schalenwild v. li.:

6.5 x 55, 6.5 x 57, 6.5 x 65, 7 x 57 R, 7 x 64, 7 x 65 R, .300 Sav., .308 Win., .30-06, 8mm Mauser (USA), 8 x 57 JS, 8x57 JRS

Patronen für stärkeres Schalenwild v. li.:

8 x 57 JS, .30-06, .30R Blaser, 7mm Rem. Mag., 7 x 66 SE v. Hofe, .300 Win. Mag., 8 x 68 S, .338 Win. Mag., 9.3 x 74 R, 9.3 x 62 jagdlichen, ökonomischen und ballistischen Gründen, kann sich der Jäger auf eine doch recht kleine Kaliberpalette beschränken. Die Prioritäten wird er anhand persönlicher und revierbezogener Gegebenheiten setzen. Dabei sei darauf hingewiesen, daß die schnellstmögliche Tötung eines Stückes Wild Vorrang haben muß.

Auf Entfernungen ab 150 m ist ein Reh ein sehr kleines Ziel. Sitzt auf der betreffenden Waffe nur ein schwachvergrößerndes Zielfernrohr, kann sich, in Verbindung mit einem Kaliber geringer Rasanz, bereits ein Schuß verbieten. Kaliber, die auf die im Wald üblichen kurzen Schußweiten vollauf befriedigen, scheiden bei Weitschüssen daher aus. Die immer noch weit verbreitete Ansicht, man könne mit einer »dicken Pille« bedenkenlos durch »dick und dünn« schießen, ist irrig. Schon kleine Hindernisse in der Flugbahn lenken ein Geschoß aus der Richtung und zwar umsomehr, je mündungsnäher es gestreift wurde.

Kaliber 8x57 J(R)S

Von den stärkeren Kalibern sind solche bis etwa zur 8x57 J(R)S auch auf Reh gut einzusetzen. Nicht weil soviel Energie erforderlich wäre, sondern weil die bis zu 12 g schweren Geschoße mit relativ niedriger Geschwindigkeit (unter etwa 660 m/s) auftreffen und damit weniger großflächige Blutergüsse verursachen, als die schnellen und leichten Geschoße kleinkalibriger Patronen.

Sehr schnelle Laborierungen lassen sich nicht immer auf dieses Niveau absenken. Es darf aber nicht übersehen werden, daß sich dann auch die GEE reduziert. Kaliber

Kaliber 6,5x57

bis etwa zur 6,5x57 haben andererseits einen geringen Rückschlag und erfordern daher keine schweren Waffen. Damit zusammenhängend schießen sich derartige Jagdgewehre treffsicherer und sind des geringen Gewichtes wegen leichter zu führen.

Nachstehend eine Übersicht besonders geeigneter Reh- und Schalenwildkaliber:

Laborierungen		geeignet für Rehwild				Schalen-
Kaliber-gruppe	Kaliber	Geschoß-Gew. g	V_{100} m/s	E_{100} Joule	GEE m	wild-geschoße
5.6mm	.222 Rem./.222RM.	3.24	800	1050	185	--
	5.6x52R.	4.60	750	1250	180	--
	.223 Rem./5.6x50(R)	3.24	850	1370	200	--
	.22-.250	3.24	960	1585	200	--
	5.6x57	4.80	920	2030	215	4.80*
6mm	.243 Win./6mm Rem.	5.50	925	2370	195	6.5*
	6mm Freres	6.50	950	2500	225	6.5*
6.5mm	6.5x55/6.5x57(R)	6.00	870	2250	200	9.0
	6.5x65(R)	7.00	885	2740	200	7.0
7mm	7x57(R)	9.00	700	2400	150	11.0
	7x64/7x65R0	10.50	800	3100	180	10.0
30er	7.62x39	8.00	600	1500	110	--
	.30-30 Win.	9.70	600	1800	130	11.0*
	.300 Sav.	9.70	700	2490	170	11.0
	.308 Win.	9.70	760	2838	175	10.0
	.30-06	9.70	800	3100	180	11.7
8mm S	8x57 IS (USA Labo.)	11.00	595	1960	140	11.0
	8x57I(R)S	12.20	700	3050	150	12.0
	8x68S	11.7	890	4630	205	14.0
.338er	.338 Win.Mag.	13.60	780	4200	180	14.6
9.3mm	9.3x72R	12.50	480	1420	110	--
	9.3x62/ x74R	15.00	695	3480	150	19.0
	9.3x64	19.00	720	4925	165	19.0
.375	.375 H&H Mag.	17.50	730	4660	150	19.4

Schalenwild-patronen *(auf weißem Feld in Deutschland nur auf Rehwild zulässig). Ganz rechts sind die für schweres Wild empfohlenen Geschoßgewichte angegeben.*

**) in verschiedenen Ländern auf Gams- und anderes Schalenwild erlaubt.*

Patronen für stärkeres Schalenwild

Es leuchtet ein, daß für das maximal 25 kg »leichte« Rehwild keine Hochleistungspatronen erforderlich sind. Ganz anders verhält es sich allerdings, wenn Wild mit Lebendgewichten bis 200 kg bejagt wird. Das nur etwa 30 kg schwere Gamswild nimmt dabei eine Mittelstellung ein, da es zwar nur wenig größer ist als das Reh, aber doch schußhärter ist und durchwegs weiter geschossen werden muß.

2000 J auf 100 m

Für die größeren Schalenwildarten, wie Muffel- , Dam-, Rot- und Schwarzwild schreibt der Gesetzgeber daher leistungsfähigere Patronen (mindestens Kaliber 6,5) vor, die auf 100 m eine Energie von mindestens 2000 Joule entwickeln müssen. In Mitteleuropa, und damit in Deutschland, muß nicht über die 9,3 mm-Gruppe hinausgegangen werden, weil diese auf alles hier vorkommende Schalenwild zuverlässig wirkt. Die Kalibervielfalt erlaubt es, daß für die jeweilige Wild- und Jagdart die jeweils beste Waffen-/Kaliber-Kombination gewählt werden kann.

Schwere Geschoße

In der obigen Aufstellung sind eine ganze Reihe von Patronen enthalten, die sich auch auf größeres Wild zum Teil seit Jahrzehnten bestens bewährt haben. Im unmarkierten Bereich sind jedoch die Laborierungen mit leichten Geschoßen vermerkt, die für schweres Wild nur bedingt zu empfehlen, beziehungsweise nicht zugelassen sind. Hier sollte dann, je nach den zu erwartenden Jagdverhältnissen, ein stärkeres Kaliber, beziehungsweise eine schwerere Laborierung gewählt werden. Nur auf die Wildart abzustellen, ist nicht immer sinnvoll, hat doch zum Beispiel bei Rotwild ein Kalb nur 40 kg, ein Tier etwa 80 kg, ein starker Hirsch jedoch bis 150 kg Lebendgewicht. Ganz ähnlich verhält es sich mit anderen Wildarten. Solange nicht gezielt die stärksten Stücke bejagt werden, zum Beispiel nur Frischlinge und Überläufer, bedarf es keiner Patrone, die für den schwersten Keiler gerade recht wäre.

Kaliber nicht ganz ausreizen

Wenn die zu erwartenden Wildgewichte von vorneherein höher anzusetzen sind, sollte die nächsthöhere Kaliberklasse gewählt werden, um die Leistungsgrenze der gerade noch ausreichenden Patrone nicht zu ganz auszureizen. Es ist auch zu berücksichtigen, daß die Wirkung eines »dickeren« Geschoßes bei gleichhoher rechnerischer Energie besser sein kann, als die eines »dünneren«.

Gleichen Geschoßdurchmesser und gleiche Geschoßform vorausgesetzt, hat ein schweres Geschoß eine höhere Querschnittsbelastung als ein leichtes. Das heißt, es verliert während des Fluges weniger schnell seine Geschwindigkeit und dringt im Wildkörper tiefer ein. Bei Steckschüssen wird die gesamte Energie im Wildkörper umgesetzt. Wenn z.B. alle 3000 Joule »stecken bleiben«, ist unter Umständen mit einer besseren Wirkung zu rechnen, als wenn von 3500 Joule aus dem Ausschuß 1000 Joule hinausfliegen. Näheres wird unter »Geschoßwirkung« behandelt (siehe Seite 217).

Flintenlaufgeschoße (FLG)

Streukreis und Haltepunkt

Diese »Bleihummeln« werden von Jägern sehr unterschiedlich bewertet, denn je nach Erfahrung oder Mißerfolg erfolgt die Beurteilung der jagdlichen Brauchbarkeit und Wirkung. Der Streukreis eines FLG ist auf 50 m durchschnittlich drei- bis viermal so groß, wie der einer »Kugel« auf 100 m. Flintenlaufgeschoße ergeben aus Läufen mit schwacher Würgebohrung, etwa ¼- oder Zylinderchoke, die beste Schußpräzision. Ein kleiner Streukreis genügt jedoch nicht, er muß auch mit dem Haltepunkt übereinstimmen. Aus diesem Grund kommt einer passenden Visierung eine große Bedeutung zu. Oftmals ist aus kombinierten Waffen eine übereinstimmende Treffpunktlage (TPL) der Büchs- mit den Schrotläufen nicht möglich. Liegt diese auf 50 m um mehr als 10 cm auseinander, sollte auf den Einsatz eines FLG verzichtet werden.

Flintenlaufgeschoße

Kaliber	Typ	Gramm	V_{50} m/s	E_{50} J
12/70 Mag.	Brenneke	31.5	355	1985
12/70	Brenneke	31.5	330	1655
	Foster	28.4	405	2340
	Sabot	28.4	370	2000
16/70	Brenneke	27.0	330	1460
	Foster	22.7	360	1455

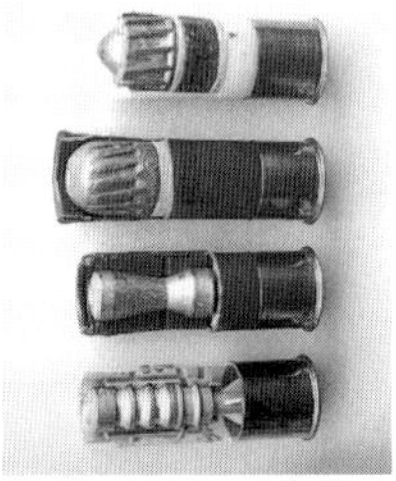

Flintenlaufgeschoße v.oben.: Original-Brennecke, RWS; US-Foster-Slug, Federal; US-Sabot-Slug, Federal; mit Treibspiegel und Leitwerk, Sauvestre

Der große Geschoßquerschnitt im Kaliber 12 und 16 ist günstig für eine gute Umsetzung der Energie im Wildkörper. Die Auftreffgeschwindigkeiten sind auf 50 m jedoch so niedrig, daß es nicht zu einer nennenswerten Aufpilzung der massiven Bleigeschoße kommt.
Steckschüsse sind trotzdem relativ häufig zu beobachten.
FLG werden aus glatten Läufen nicht drallstabilisiert und sind in drei verschiedenen Typen auf dem Markt:

1. mit angesetztem Filz- oder Plastikpfropfen, z.B. Brenneke-FLG.
2. der fingerhutähnliche Fostertyp aus USA, z.B. Federal, Remington oder Winchester.
3. das unterkalibrige Treibspiegel-FLG (Sabot Slug), z.B. Sauvestre, Federal.

Auf Schalenwild werden vor allem die Kaliber 12/70 und 16/70 geführt. Sowohl die größeren, als auch die kleineren Schrotkaliber, für die ebenfalls FLG verfügbar sind, haben nur geringe Bedeutung.

Vorhaltemaß

Die langsame Fluggeschwindigkeit bedingt auf flüchtiges Wild ein größeres Vorhaltemaß. Eine nur 10 km/h (2,8 m/s) schnelle Flucht erfordert schon auf 35 m um etwa 35 cm, einschließlich aller Verzögerungsmomente ist um 40 bis 50 cm vorzuhalten.

Schalenwildwaffen

Während für Rehwild leichte Waffen und verhältnismäßig schwache Patronen ausreichen, bedingt die Jagd auf schwereres Schalenwild eine spezielle Bewaffnung. Auf die Munition wurde in der obigen Tabelle eingegangen, die Jagdgewehre werden hier besprochen.

Ansitzwaffen

Soweit es sich um Ansitzjagd handelt, wo in der Regel nur ein Schuß abgegeben wird, sind einschüssige Waffen, wie Kipplauf- oder Blockbüchsen, oder kombinierte Waffen mit einem Büchslauf jagdlicher Standard.

Gegenüber Repetier- und Selbstladebüchsen haben diese Waffentypen den großen Vorteil, daß sie sehr leise nachgeladen werden können. Bei einiger Übung fast gleich schnell wie Mehrlader.

Werden Repetierbüchsen zu vorsichtig (nach-)geladen, können Zuführungsprobleme einen schnellen zweiten oder dritten Schuß sogar unmöglich machen. Beim Repetieren, gleich mit welcher Bauart, muß der Verschluß jedesmal ganz zurückgezogen werden, um damit hinter den Boden der nächsten im Magazin liegenden Patrone zu kommen.

Kombinierte Waffen

Bei kombinierten Waffen ist stets darauf zu achten, daß bei Zweischloßgewehren der Abzug für den Büchslauf bedient, beziehungsweise bei Einschloßmodellen entweder der »richtige« Abzug gefaßt wird, oder die Umschaltung auf »Kugel« gestellt ist. Dies gilt naturgemäß für jeden beabsichtigten Kugelschuß, ganz gleich auf welches Wild und mit jeder Waffe.

Während, zumindest bei modernen Büchsen, der vormals weitverbreitete Deutsche Stecher (Doppelzüngelstecher) nahezu verschwunden ist, sind Kipplaufwaffen noch meistens mit Rückstechern ausgestattet. Ältere Konstruktionen haben systembedingt hohe Abzugsgewichte, die sich nur mittels eines Stechers reduzieren lassen.

Doppeln

Wurde bei kombinierten Waffen der vordere Abzug eingestochen und wird aus aktuellem Anlaß oder Versehen der hintere Abzug gedrückt, muß durch die Erschütterung des Schusses mit einem Doppeln der Waffe gerechnet werden. Das Losgehen zweier Schüsse führt meist zum Fehlschuß, belastet die Waffe über Gebühr und versetzt dem Schützen einen Schlag, der weit über dem des normalen Rückstoßes liegt. Selbst bei ansonsten ausreichendem Augenabstand des Zielfernrohrs, kann es zu bösen Verletzungen an Nase und Augenbraue kommen. Stecher verlangen eine erhöhte Aufmerksamkeit.

Drückjagdwaffen

Bei Ansitzwaffen kann sich der Jäger noch in bestimmtem Umfang nach den waffenseitigen Gegebenheiten richten. Eine Drückjagdwaffe muß dagegen im Anschlag förmlich an die Schulter fliegen. Die Visierung, ob über Kimme und Korn, oder über Zielfernrohr, muß ohne Nachkorrektur auf dem Wild sein. Im Hochfahren darf kein Riemen, keine Zielfernrohrblende und keine bremsende Gummischaftkappe den flüssigen Anschlag stören. Auf die passende Kleidung sei deshalb hingewiesen.

Flüssiger Anschlag

Unkompliziertes Laden, Nachladen, Entsichern, beziehungsweise Spannen, Schießen und Nachschießen, sowie leichtes Entladen, sind Kennzeichen einer guten und führigen Drückjagdwaffe, die dann nur noch das angemessene Kaliber haben sollte.

Als praxisgerechte Drückjagdwaffen auf Schalenwild sind anzusehen, Repetier-, Doppel- und Selbstladebüchsen sowie Doppelbüchsdrillinge. Jedes dieser Jagdgewehre hat Vor- und Nachteile, die allerdings aus individueller Sicht sehr unterschiedlich bewertet werden. Ausschließlich nach der Möglichkeit schneller Schußfolge beurteilt, lassen sich folgende Feststellungen treffen:

Schnellstmögliche Schußabgabe

Einen *einzelnen Schuß* kann der Jäger mit jeder Waffe gleich schnell loswerden. Ganz anders verhält es sich, wenn es um die schnellstmögliche Abgabe von *zwei Schüssen* geht. Hier hat die Doppelbüchse eindeutig die Nase vorne. Nahezu gleich schnell ist die Selbstladebüchse. Nur unwesentlich langsamer sind Vorderschaft- und Unterhebelrepetierer. Wird an die Abgabe von *drei Schüssen* gedacht, was in der Praxis gelegentlich möglich

Selbstladebüchse

ist, schlägt die Selbstladebüchse, jede andere Waffenart. Die Doppelbüchse müßte erst nachgeladen werden, was mehr Übung erfordert, als mit dem Verschluß eines Repetierers eine neue Patrone in den Lauf zu bringen. Bei den Repetierbüchsen sind Unterschiede in der jeweiligen Konstruktion zu machen, denn hier bestehen erhebliche

Abweichungen hinsichtlich des schnellen Nachladens für einen zweiten oder gar dritten Schuß.

Zylinderverschlüsse

Waffen mit Zylinderverschluß und seitlichem Kammerstengel erfordern es, daß der Jäger mit der Schießhand vom Abzug zum Kammerstengel umgreifen muß. Je weiter dieser vorne sitzt, um so mehr entfernt sich die Schießhand zwangsläufig vom Abzug. Geradezugrepetierer bieten nur insofern Vorteile, weil die zur Verschlußverriegelung notwendige Drehbewegung mittels des Kammerstengels entfällt.

Nahezu alle Zylinderverschlüsse treten beim Öffnen, also beim Repetieren, mehr oder weniger weit nach hinten aus der Verschlußhülse und es kann dadurch zu Berührung mit dem Gesicht kommen. Der Anschlag muß also verändert werden, um die Kollision mit dem Verschluß zu vermeiden. Das erneute Anschlagen erfordert Zeit, die auf Drückjagden, gelegentlich sogar auf dem Ansitz, nicht immer zur Verfügung steht.

Pumpguns Lever Action-Büchsen

Es gibt außer den Kipplauf- und Selbstladewaffen wie der Browning BAR, Remington 7400, HK 770/940 oder Voere 2185 nur noch zwei Bauarten, wo für zwei (und mehr) Schüsse nicht umgegriffen zu werden braucht. Es sind dies die Pumpguns und Lever Action-Büchsen. In beiden Fällen kann, ohne daß die Hände aus dem Bereich des Pistolgriffs oder des Vorderschaftes bewegt werden müssen, blitzschnell repetiert werden. Bei Pump Action repetiert die Führhand mittels des Vorderschaftes und bei Lever Action die Schießhand mittels des Unterhebels. Bei den meisten Lever Action-Modellen treten, mit Ausnahme der Savage 99, ebenfalls Verschlußteile nach hinten (oder unten) aus dem Systemkasten.

Stecher und andere Abzüge

Da der Stecher einer besonders aufmerksamen Bedienung bedarf, wird auf diesbezüglich mögliche Fehler hingewiesen, die leider zu oft tragischen, weil vermeidbaren,

Unfällen führen. Schon die unterschiedliche Handhabung und die dadurch nicht auszuschließende Verwechslungsgefahr der Handgriffe beim Deutschen, beziehungsweise Französischen (Rück-)Stecher erfordern es, gedanklich immer ganz bei der Sache zu sein.

Rückstecher

Eingestochene Abzüge verlangen eine besondere Abzugstechnik, sonst lösen sie das Schloß nicht aus. So dürfen Rückstecher nicht mit starken seitlichen Druck nach hinten gezogen werden, weil der Abzug, nach Überwindung des an sich geringen Abzugswiderstandes, nicht frei nach hinten wegschnellen kann. Das dennoch entstehende feine Knacken wird oft als Versager fehlgedeutet, was sich schon des öfteren als fataler Irrtum herausgestellt und zu Unfällen geführt hat.

Doppelzüngelstecher

Doppelzüngelstecher, in dieser Hinsicht nicht so sensibel, sind aber bei verschiedenen Waffenmodellen, insbesondere 98er-Modellen mit originalen Abzugsbügeln, schwierig zu bedienen. Vor dem vorderen der beiden Abzüge ist in der Regel sehr wenig »Spielraum«, so daß es schon beim Umgreifen des Schießfingers vom Stecher zum Abzug einer gewissen Sorgfalt bedarf, um ein vorzeitiges Brechen des Schusses zu vermeiden. Mit Handschuhen ist es nahezu unmöglich, gefahrlos an den Abzug zu kommen.

Abbrechen der Schußvorbereitung

Nicht immer lassen sich die Vorbereitungen zum Schuß mit einer Erlegung abschließen, weil sich die Voraussetzungen hierfür durch vielerlei Umstände plötzlich ändern können. In einer solchermaßen geänderten Situation wird allzuleicht vergessen, daß die Waffe entsichert und eingestochen war und auf unbedachte Hantierungen äußerst sensibel reagiert. Jede Unachtsamkeit rächt sich bitter. In jedem Fall ist beim Abbrechen des Schusses, die Waffe sofort zu sichern *und* zu entstechen. Stecher erfordern also nicht nur vor dem Schuß, sondern auch bei unterbliebener Schußabgabe, stets zusätzliche Handgriffe, die zeitraubend sind und die volle Aufmerksamkeit des Jägers erfordern. Nicht zuletzt aus diesem

Grund eignen sich Waffen mit Stechern nicht für den schnellen Schuß, wie er bei Drückjagden verlangt wird und wo durch Mitjäger und Treiber ein erhöhtes Gefahrenpotential vorliegt.

Feingestellte Stecher nicht praxisgerecht

Die Meinung, daß man einen eingestochenen Abzug nur »antupfen« müsse, um den Schuß im günstigsten Moment loszuwerden, ist irrig. Selbst langes Starren auf das Ziel bringt überhaupt nichts, wenn die Waffe durch eine ruckartige Finger- oder Handbewegung aus der Richtung gebracht wird. Zwangsläufig sind dann Fehlschüsse die Folge. Unter diesem Aspekt sind sowohl langstehende, als auch extrem feingestellte Stecher nicht praxisgerecht und ohnehin nur bei konstruktionsbedingter Notwendigkeit vertretbar.

Magazine

Bei Repetierbüchsen mit einem Fassungsvermögen von mindestens drei Patronen spielt das schnelle Nachladen eine Rolle. Während Wechselmagazine nur außerhalb der Waffe nach- und aufgefüllt werden können, lassen sich fest eingebaute Kasten- und Röhrenmagazine wesentlich leichter mit einzelnen Patronen nachladen.

Feste Magazine

Festeingebaute Magazine haben den zusätzlichen Vorteil, daß sie weder vergessen oder verloren, beziehungsweise durch den Rückstoß oder durch Unachtsamkeit herausfallen können. Allerdings müssen die nicht verschossenen Patronen einzeln herausrepetiert werden, was bei nicht allen Modellen mit gesicherter Waffe möglich ist. Nur die Trommelmagazine der Mannlicher-Schoenauer-, der Kongsberg- oder Varberger-Büchsen lassen sich über eine Entladetaste entleeren. Kastenmagazine mit Klappdeckel können nach Lösen einer Deckelsperre (Druckknopf, Riegel oder Schwenkhebel) nach unten entleert werden. Es besteht allerdings die Gefahr, daß dabei einige oder alle Patronen zu Boden fallen. Durch das Auflegen von Magazingewehren, kann unbeabsichtigt die Magazinsperre betätigt werden, was im entscheidenden Moment dazu führen kann, daß beim Nachladen der Jäger förmlich »trockengelegt« ist. Wer sicher vorbeugen will, läßt entweder vom Büchsenmacher die Sperre blockieren oder behilft sich mit einigen Streifen Klebeband.

Schnelles Laden der Kombinierten

Das schnelle Nachladen von Einzelladern, wie Kipplauf-, Block- oder Doppelbüchsen will geübt sein. Ob die Patronen aus den Tiefen der Manteltasche gekramt werden müssen, oder aus einem Patronengurt beziehungsweise einer an der Waffe befestigten Schlaufe entnommen werden können, macht schon einen Unterschied. Bei kombinierten Waffen ist allerdings die Verwechslungsgefahr bezüglich unterschiedlicher Patronen zu berücksichtigen. Allzuschnell wird eine Schrotpatrone statt einer »Brenneke« geladen und verschossen.

Sicherungen

Am sichersten ist eine ungeladene Waffe, am zweitsichersten eine entspannte. Nicht alle Waffen lassen sich geladen und entspannt führen, weshalb den Sicherungen große Bedeutung zukommt. Um eine Waffe aus einem möglichst sicheren Zustand in schnellstmögliche Schußbereitschaft zu bringen, muß diese, je nach Konstruktion, entweder nur entsichert oder aber gespannt werden.

Hahnschloß

Die einfachste Art der Handspannung ist beim Hahnschloß gegeben. Über den Spannzustand der Schlosse besteht unzweideutig Klarheit, denn entweder stehen die Hähne im Spann- oder in Ruhestellung. Konstruktionen, die sich bei gespannten Schlossen, das heißt zurückgezogenen Hähnen öffnen lassen, können gefahrlos entspannt werden. Kommt einem einmal aus Unachtsamkeit ein Hahn aus, passiert eben nichts.

Handspannungen am Kolbenhals

Moderne Kipplaufwaffen und neuerdings auch einige Repetierbüchsen haben eine Handspannung am Kolbenhals, die entweder nach jedem Schuß neu zu spannen ist oder in vorderer Stellung selbsttätig beim Nachladen wieder spannt.

Selbstspannende Kipplaufwaffen

Selbstspannende Kipplaufwaffen müssen beim Laden soweit geöffnet werden, daß alle Schlosse gespannt werden. Wird eine Bockwaffe nachgeladen, genügt es daher nicht, das Laufpaar nur so weit abzukippen, daß das obere Patronenlager frei wird.

Schwindet die Schußmöglichkeit, ist entweder zu sichern, oder, bei Handspannsystemen, zu entspannen. Wurde zusätzlich gestochen, ist auch wieder zu entstechen. Kipplaufwaffen sollten bei geöffneten Läufen entstochen werden, um durch unkorrektes Entstechen keinen Schuß auszulösen. Repetierer mit Schlagbolzensicherung können nach Einlegen der Sicherung entstochen werden.

Sicherheitswaffen

Von außen sieht man es einer Sicherung meist nicht an, auf welche Schloßteile sie wirkt. Die sogenannte Greener-Sicherung kann entweder den Abzug, die Stange (beziehungsweise Stollen) oder das Schlagstück festlegen. Ähnliche Funktion haben Schiebesicherungen auf dem Kolbenhals oder dem Systemschwanz von Repetierern. Druckknöpfe im Abzugsbügel, z.B. bei Selbstladewaffen, wirken meist nur auf den Abzug.

In letzter Zeit kommen zunehmend mehr Repetierbüchsen, sowohl mit Drehkammer- als auch mit Geradezugverschluß auf den Markt, die sich entweder mittels des Kammergriffs (Blaser, Heym, Mauser) oder einer Spanneinrichtung im Schlößchen (98er, Voere und Remington mit Seehuber-System) spannen und entspannen lassen.

So sicher sogenannte Sicherheitswaffen auch sein können, der Jäger darf sich von diesem Begriff nicht einlullen lassen. Er muß das seine tun, um vor bösen Überraschungen sicher zu sein. Dazu zählt, daß die Waffe nur für die Dauer der unmittelbaren Schußgelegenheit »scharf« gemacht und alsbald wieder entspannt wird.

Bei allen waffenseitig optimal vorhandenen Vorausset-

Unsicherheitsfaktor ist der Jäger selbst

zungen, bleibt der Jäger der eigentliche Unsicherheitsfaktor. Viel seltener als durch Waffen- und Munitionsstörungen, sind Unfälle auf menschliches Versagen zurückzuführen, sei es aus Unwissenheit, Unachtsamkeit, vermeintlicher Routine, Vergeßlichkeit oder Mißachtung der Vorsichtsmaßregeln. Auch selbst bei bewußter Schußabgabe kommt es oft zum »Mucken«.

»Mucken« = Schußangst

Es bezeichnet das Verhalten eines Schützen, der schon in Erwartung von Knall und Rückschlag erschrickt, noch bevor es überhaupt gekracht hat. Er nimmt die an sich natürliche Reaktion vorweg und versucht, durch unkontrolliertes Hinauswürgen des Schusses, dessen unangenehme Begleiterscheinungen möglichst schnell hinter sich zu bringen. Mit anderen Worten: Mucken ist das Zeichen von Schußangst.

Schußangst darf nicht mit Jagdfieber verwechselt werden, denn erstere tritt schon auf dem Schießstand auf, wo jeder Schuß ohne Zeitdruck und sonstige störende Einflüsse abgegeben werden kann. Wer auf der Jagd selbst im Anblick des kapitalsten Stückes »ruhigen Blutes« bleiben will, muß daran arbeiten, diese Untugend loszuwerden. Die Bewältigung der jagdlichen Umstände können bereits »stressig« genug sein und wer da noch mit dem Problem der Schußangst zu kämpfen hat, darf sich nicht wundern, wenn er nicht »fertig« wird.

Nicht unnötig starke Munition verwenden

Muß an einer Waffe vor dem Schuß durch Umschalten, Entsichern und Einstechen großartig hantiert werden, kann sich der Jäger in eine Phobie hineinsteigern, die sich in der oben geschilderten Weise äußert. Bereits das Laden der Waffe mit großkalibriger und energiestarker Munition kann der Auslöser für Schußangst sein.

Bekämpfen läßt sich die Schußangst durch die Verwendung nicht unnötig starker Munition (nur für »wesensfeste« Jäger), ausreichend schwerer Waffen mit passender Schäftung, auf den individuellen Anschlag abgestimmte Zielfernrohrmontagen, gute Abzüge und vor allem Übung unter verständnisvoller Anleitung.

Schaft und Riemen

Nußbaumholz

Bei Schafthölzern wird immer noch Nußbaumholz bevorzugt. Aus praktischen Gründen wird für stark strapazierte Waffen zunehmend Schichtholz oder Kunststoff gewählt. Bruch- und Verzugsfestigkeit und sowie leichtere Pflege sind Gründe hierfür.

Riemenbügel können den Tragekomfort einer Waffe wesentlich beeinflussen. Unzweckmäßige Befestigungspunkte verändern den Schwerpunkt. Vor allem der vordere Bügel ist (oftmals aus Kostengründen) zu weit hinten im Vorderschaft verschraubt, so daß beim Tragen die Mündung nach unten zieht. Laufriemenbügel sind die bessere Lösung. Abnehmbare Riemenbügel sind praktisch, sollten sich aber gegen unbeabsichtigtes Öffnen sichern lassen.

Laufriemenbügel

Knebelriemen

Der verkürzbare sogenannte Knebelriemen ist vor allem für Flinten zu empfehlen, die jagdlich kaum ohne Riemen geführt werden. Für Büchsen und kombinierte Waffen sind abnehmbare Riemen, die dann auch breiter sein können, die bessere Lösung, weil ein Hängenbleiben auf Hochsitzen, Leitern oder im Auto dadurch vermeidbar wird.

Zielfernrohre und Visierungen

Vergrößerung und Sehfeld

Grundsätzlich gilt, je kleiner das Wild und je größer die Schußweite, um so höher, und je geringer die Entfernungen und je größer das Wild, um so niedriger kann die Vergrößerung eines Zielfernrohres gewählt werden. Da wir jedoch zu unterschiedlichen Tages- und Nachtzeiten jagen, differieren auch die Lichtverhältnisse dementsprechend. Dies wiederum bedingt, daß wir dem durch die Wahl eines leistungsfähigen und lichtstarken Zielfernrohres Rechnung zu tragen haben. Unterschiedliche Jagdarten verlangen zudem, daß das Sehfeld den jeweiligen Umständen angepaßt ist.

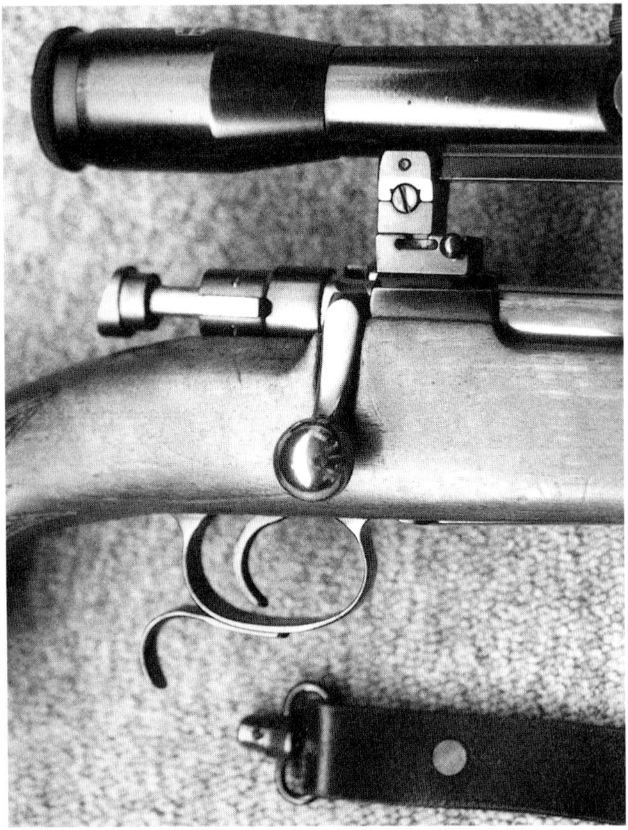

98er in Sonderausstattung: Zielfernrohr mit Schwenkmontage, Seehuber-Sicherheitsspannschloß, Timney-Flinten-Abzug und Fingerhaken am Abzugsbügel, abnehmbarer Riemenbügel

Generell ist eine Büchse immer so gut oder so schlecht, wie das darauf montierte Glas.

Feste Vergrößerungen

Feste Vergrößerungen sind unter 4-fach kaum mehr üblich, in 6-fach bis vor 20 Jahren noch jagdlicher Standard. Die heute jagdlich meist verwendete feste Vergrößerung ist 8-fach. Soweit eine Büchse nicht auf Drückjagden geführt wird, ist 8-fach ein jagdlich guter Kompromiß. 10-fache Zielfernrohre sind nicht ganz so lichtstark, liegen dafür in der Vergrößerung höher. Für bestimmte Jagd- und Wildarten, z.B. die Gamsjagd bei

Tageslicht, leisten Zielfernrohre dieser Art beste Dienste. Vergrößerungen über 12-fach sind auf Schalenwild nur für wenige Sonderfälle sinnvoll.

Variable Vergrößerungen

Die Bandbreite variabler Zielfernrohre deckt alle jagdlich relevanten Bereiche ab. Beginnend mit 1-facher Vergrößerung, kann 16-fach unter derzeitigem Einsatz als oberste Marke angesehen werden. 12-fach ist jedoch in den allermeisten Fällen ausreichend, selbst für kleine Ziele auf Entfernungen bis über 200 m. Der Vergrößerungsfaktor ist meist 3- bis 4-fach, das heißt z.B. 1,5- bis 6-fach, 3- bis 9-fach oder 2,5- bis 10-fach.

Bei kleinen Vergrößerungen, die nahezu ausschließlich am Tage eingesetzt werden, liegen die für die Helligkeit verantwortlichen Objektiv-Ø (Durchmesser) meist bei 20 bis 35 mm. Wenn die Lichtverhältnisse schwieriger werden, sind Objektiv-Ø von 42 bis 48 mm ausreichend, während 50 bis 56 mm-Objektive gewählt werden sollten, wenn die Jagd bei sehr ungünstigem Licht, z.B. späte Dämmerung oder in der Nacht ausgeübt wird.

Variable Vergrößerungen erlauben gleichzeitig die stufenlose Abstimmung der Dämmerungszahl, Austrittspupille und des Sehfeldes. Wer einen Fuchs auf 150 m im Mondlicht anvisiert, wird eine hohe und wer auf 50 m einer Sau das Absehen auf's Blatt stellt, eine niedrige Vergrößerung einstellen. Unter diesem Aspekt decken variable Zielfernrohre, wie z.B. mit 3- bis 12-facher Vergrößerung, fast alle jagdlichen Situationen ab. Aber eben nur fast, denn was für Pirsch und Ansitz erste Wahl darstellt, ist für die Drückjagd unter Umständen abmessungsmäßig zu groß oder gewichtsmäßig zu schwer.

Für Drückjagden den niedrigen Verstellbereich

Hier bieten sich variable Modelle mit einem niedrigen Verstellbereich an, wie etwa 1¼- bis 4-fach oder 1½- bis 6-fach. Die Kostenfrage eines zweiten Glases für eine bestimmte Jagdwaffe ist zweitrangig, wenn die Steigerung der Vielseitigkeit dagegen verglichen wird. Zwar bieten nur hochwertige Markengläser Gewähr für bestmögliche optische und mechanische Qualität, aber mitunter tut es für bestimmte Zwecke eben auch mal eine Klasse tiefer. Zu denken ist dabei zum Beispiel an eine Büchse, die mit einem 8x56 bestückt ist und die wegen des Kalibers oder sonstiger Vorzüge auch zur Drückjagd verwendet werden soll. In einem solchen Fall erfüllt auch ein »einfacheres« Zweit-Zielfernrohr seinen Zweck, solange es nur schußfest ist. Die optischen Qualitäten spielen eine untergeordnete Rolle. Ist dagegen an den Einsatz auf einer ausgesprochenen Drückjagdwaffe gedacht, wie es eine Doppelbüchse sein kann, die nicht auf dem Ansitz geführt wird, ist Markenoptik schon erste Wahl. In die gleiche Kategorie sind Großwildwaffen einzuordnen, wo ein Zielfernrohr mit 1½- bis 6-facher Vergrößerung gute Dienste leistet. Es kommt eben immer darauf an, wo bei der Wahl eines Zielfernrohrs der Einsatzschwerpunkt liegt.

Dämmerungszahl (DZ)

Die Dämmerungszahl bezeichnet die rechnerische Leistungsfähigkeit eines Zielfernrohrs oder Fernglases. Sie errechnet sich aus der Wurzel des Produkts Vergrößerung x Objektiv-Ø. Wichtig ist auch die Austrittspupille, die sich ergibt, wenn der Objektiv-Ø durch die Vergrößerung geteilt wird. Nachdem sich die menschliche Pupille nur bis etwa 7 mm erweitert, sind größere Austrittspupillen nicht ausnützbar. Die rechnerisch hohen Austrittspupillen werden daher bei kleinen Vergrößerungen auf 8 mm reduziert, woraus sich dann die optisch korrigierten Dämmerungszahlen ergeben.

Rechnerische Werte allein nicht ausschlaggebend

Was durch diese Leistungsdaten allerdings nicht zum Ausdruck kommt, ist die zum Teil sehr unterschiedliche Lichttransmission der einzelnen Marken oder Modelle. So kann ein hochwertiges 10x42 trotz geringerer DZ eine höhere *Dämmerungsleistung* aufweisen, als ein einfacheres 10x56. Am Tage werden diese Unterschiede nicht im gleichen Maße sichtbar, wie in der Nacht. Daher ist ein echter Vergleich zwischen verschiedenen Zielfernrohren nur unter völlig gleichen Bedingungen möglich. Das gleiche gilt naturgemäß auch für Fern-

Optische Werte von Zielfernrohren

Vergrößerung	Objektiv-Ø	AP-Ø mm	Dämmerungszahl
1.25	20	8	3.5
1.5	42	8	4.2
2.5	48	8	7.1
3	56	8	8.5
6	42	7	15.9
10	42	4.2	20.5
8	56	7	21.2
10	48	4.8	21.9
10	56	5.6	23.6

gläser und Spektive. Bei Vergrößerungen nur wenig über 1-fach, kann mit zwei offenen Augen gezielt werden, wodurch sich das Gesichtsfeld wesentlich vergrößert sowie das Schußfeld besser überblicken und das Ziel schneller erfassen läßt.
In diese Gruppe sind die Leuchtpunktgeräte, die Kompakt-Visiere und neuerdings angebotenen holografischen Zieleinrichtungen einzuordnen.

Absehen

Das Thema Absehen wird, ähnlich wie bei Kalibern oder Hunderassen, äußerst emotional und kontrovers behandelt. Von persönlichen Ansichten bestimmt, wird an bestimmten Absehen festgehalten, obwohl die Praxis dagegen spricht. Maßgebend allein muß sein, wie genau sich selbst ein Ziel geringer Größe, auch unter den jagdlich oftmals ungünstigen Lichtverhältnissen, möglichst genau anvisieren und damit treffen läßt.

Grundsätzliches

Grundsätzlich lassen sich die Absehen in drei Gruppen einteilen, nämlich in Stachel-, Fadenkreuz- und Punktabsehen. Je größer das damit bejagte Wild ist und je kürzer die Schußweiten liegen, um so weniger spielt die Form der eigentlichen Zielmarke eine ausschlaggebende Rolle. Während sich auf der Drückjagd eine starke Sau auf 50 m mit einem »dicken« Rotpunkt gut anvisieren läßt, ist dies bei einem Rehkitz auf 150 m in tiefer Dämmerung völlig unmöglich. Schon bei gleicher Vergrößerung und gleicher Entfernung wird der Unterschied zwischen Stachel- und Fadenkreuzabsehen deutlich, wie das

Fadenkreuz läuft zentrisch durch das Zielbild und verdeckt nur wenig von kleinen Zielen. Auch bei schlechtem Licht gut verwendbar.

Die feine Stachelspitze geht bei schlechtem Licht »verloren«. Dadurch instinktiv höheres Anhalten mit entsprechendem Hochschuß.

Beispiel auf einen Fuchs zeigt. Der Einwand, daß sich mit der feinen Stachelspitze kleinste Ziele »anfassen« lassen, trifft nur bei gutem Licht zu. Bei schlechtem Licht geht die Spitze zunehmend »verloren«, was zu unbewußt höherem Anhalten und damit zu Hochschuß führt. Bei kleinen Zielen können die seitlichen Balken nicht mehr zur Höhenbestimmung herangezogen werden, weil diese zu weit vom Ziel entfernt enden. Außerdem schließt beim »Normalabsehen« die Stachelspitze mit der Oberkante der Querbalken ab, so daß die eigentliche Zielmarke etwas oberhalb der eindrucksmäßigen Mitte liegt. Auf 100 m macht diese Differenz immerhin 7 bis 10 cm aus und auf kleines Wild kann das einen glatten Fehlschuß bedeutet. Bei Verwendung niedriger Vergrößerungen, etwa bis 6-fach, können selbst Rehe aus diesem Grund zu hoch getroffen (gekrellt) werden.

Fadenkreuzabsehen sind für die meisten jagdlichen Umstände zweckmäßiger. Schon im deutschsprachigen Raum liegen diese mit etwa 60 Prozent bei Neugläsern vorne und auch immer mehr Absehenumbauten werden vorgenommen. Weltweit führt das Fadenkreuz in diversen Variationen sogar mit etwa 90 Prozent. Wie schon erwähnt, ist die Ausgangssituaton auf der Drückjagd eine andere, so daß sich das Absehen 2 (Stachel und Querfaden) oder Punktabsehen für die schnelle Erfassung flüchtigen Wildes gut eignen.

Leuchtabsehen

Wo die Absehenform nicht mehr *die* Bedeutung hat, sind die nun zugelassenen sogenannten Leuchtabsehen. Hier ist es möglich, daß ganze Absehen, oder nur die eigentliche Zielmarke, zu beleuchten. In der tiefen Dämmerung kommt dadurch den anderen Absehenelementen keinerlei Bedeutung mehr zu. Der Jäger hat nur die beleuchtete Zielmarke (Punkt, Kreuz, Pfeil, Kreis) auf den Haltepunkt zu bringen. Um eine Überstrahlung des Zielbildes durch ein beleuchtetes Absehen auszuschließen, muß sich die Intensität bis zu sehr niedrigen Werten herabregeln (dimmen) lassen. Sollen Leuchtab-

sehen bei sehr ungünstigen Lichtverhältnissen verwendet werden, müssen die entsprechenden Zielfernrohre eine ausreichende Dämmerungsleistung »mitbringen«.
Immer wieder wird versucht, mit neuen Absehen das Zielen zu erleichtern. Wenn aber solche Kreationen erst »nach einiger Gewöhnung« Erfolge zeigen, haben diese jagdlich keine Berechtigung.

Zielfernrohrmontagen

Die mechanische Verbindung zwischen Waffe und Zielfernrohr wird als »Montage« bezeichnet. Seit dem Aufkommen und allgemeiner Verbreitung der Zielfernrohre wurde eine Vielzahl unterschiedlicher Systeme entwickelt. Die bis vor etwa 20 Jahren dominierende Suhler Einhakmontage (SEM) wurde in weiten Bereichen, insbesondere bei Repetierbüchsen von der sogenannten Schwenkmontage abgelöst.

SEM

Die SEM hat sich seit Jahrzehnten bewährt, hat aber den konstruktiven Nachteil, daß der vordere Befestigungspunkt praktisch am vorderen Ende des Zielfernrohrs vorgegeben ist, und zwar sowohl mit Schienen-, als auch mit Ringmontagegestecken. Soll auf einem Büchslauf zu einem bestehenden kleinen, ein längeres ZFR montiert werden, kann der weiter vorne zusätzlich aufgelötete Sockel die Schußleistung beeinflussen.

Schwenkmontage

Bei Schwenkmontagen ist dies nicht der Fall, weil in die gleichen Fußplatten mittels gerader oder gekröpfter Gesteckfüße im Baukastensystem Zielfernrohre mit unterschiedlichen Abmessungen wesentlich einfacher montiert werden können.

Festmontage

Fest-, Aufkipp- oder Aufschubmontagen bieten sich für Waffen an, die ohne Zielfernrohr praktisch nicht verwendet werden. In derlei Fällen kann auf diese preisgünstige Lösung zurückgegriffen werden. Es ist dabei allerdings zu berücksichtigen, daß nach Abnahme und Wiederaufsetzen des Zielfernrohrs mit einer abweichenden TPL zu rechnen ist.
Neben Montagesystemen verschiedener Hersteller, wurden auch von Waffenfabriken solche entwickelt, wie zum Beispiel von Steyr, Blaser, Heckler & Koch u.a., die

dann speziell für die hauseigenen Waffen gedacht sind.

Visierung Für Jagdwaffen mit Büchslauf kommt als Visierung nahezu ausschließlich das Zielfernrohr zur Anwendung. Dessen ungeachtet sollte sich auf Waffen, die gelegentlich oder auch ohne Glas benützt werden könnten, eine brauchbare Visierung befinden. Daß diese dann wenigstens auf 50 m Fleck eingeschossen sein muß, versteht sich. Trotz aller Zuverlässigkeit moderner Zieloptik, kann diese durch rauhe Behandlung, durch Verlieren oder Vergessen im entscheidenden Moment ausfallen. Wer dann auf seiner Waffe eine brauchbare Visierung hat, kann manche kritische Situation dennoch, oder gerade deshalb, bewältigen. Man braucht dabei nur an

Fangschuß über Visier einen nahen Fangschuß mit einer kombinierten Waffe zu denken, wo der Büchslauf bis zu 8 cm unter der Visierlinie des Zielfernrohrs verläuft. Auf etwa 3 m mitten auf einen nur armdicken Rehhals zu zielen, würde einen glatten Fehlschuß bedeuten. Auch wenn auf der Jagd, fern von jedem Büchsenmacher, einmal das Zielfernrohr ausfällt, kann man sich mit einer Visierung, zumindest in beschränktem Umfang, weiterhelfen. Im Ausland sind Vorkommnisse dieser Art gar nicht so selten. Hinten am Schlößchen montierte Lochvisiere erlauben bei gutem Licht sogar sichere Schüsse bis 100 m.

Jagdballistik

Hierüber sollte der Jäger schon etwas wissen, um die einfachsten Abläufe vom Prinzip her zu kennen. Der Gesamtkomplex wird unterteilt in Innen-, Außen- und Zielballistik. Die Vorgänge der Innenballistik entziehen sich meist jedem Einfluß, es sei denn, daß durch eine bestimmte Laborierung die bestmöglich geeignete Patrone für die betreffende Waffe ausgewählt wird. Gasdruck, Lauflänge, Mündungsknall und Rückschlag können in gewissem Umfang beeinflußt werden.

Außenballistik Damit werden alle Vorgänge erfaßt, die den Flug eines

Geschoßes betreffen. Von der Umwelt her sind dies Luftwiderstand, Erdanziehung, Luftdichte, Wind, Schußentfernung und Schußwinkel. Munitionsseitig spielen die Mündungsgeschwindigkeit (V_0), Geschoßform und die Querschnittsbelastung bei der Flugbahn, waffenbezogen die Visierhöhe für Fleckschuß (Zeichen ⊕) und günstigste Einschußentfernung (GEE) herein.
Bei exakt waagerechtem Lauf sinkt ein Geschoß unter dem Einfluß der Gravitation (g) schon kurz nach der Mündung zunehmend schneller zur Erde. Durch den Luftwiderstand erfolgt eine Abbremsung, die diesen Effekt verstärkt. Daraus ergibt sich, daß die Flugbahn kein gleichmäßiger Bogen ist, sondern als ballistische Kurve bezeichnet wird. Um nun ein Ziel auf eine mehr oder weniger große Entfernung zu treffen, muß der Lauf entsprechend nach oben gerichtet werden. Mit der Visierung wird dies wiederholbar korrigiert. Die gebogene Flugbahn schneidet sich, das erste Mal mit dem aufsteigenden und das zweite Mal mit dem absteigenden Ast, also zweimal, mit der geradlinig verlaufenden Visierlinie. Je höher die Visierung und je gestreckter (rasanter) die Flugbahn, um so weiter rücken beide Schnittpunkte von der Mündung weg. Der zweite Schnittpunkt, der je nach Kaliber und Laborierung zwischen 100 und 250 m liegen kann, wird als Fleckschuß bezeichnet. Um auf jagdliche Schußweiten immer mit gleichem Haltepunkt zielen zu können, sollte die höchste Flugbahnerhebung nicht über 4 cm betragen. Umgekehrt: je »langsamer« ein Geschoß fliegt, um so näher zur Mündung verschieben sich die beiden Schnittpunkte.

Flugbahnschnittpunkte

Fleckschuß

Während sich auf mündungsnahe Entfernung Tiefschuß bis zu 8 cm ergibt, schießen schalenwildgeeignete Jagdpatronen zwischen 30 und 50 m (das erste Mal) Fleck. Auf diese relativ kurze Schußweite können selbst sehr kleine Ziele punktgenau getroffen werden.
Ein Geschoß mittlerer V_0, etwa mit 800 m/s, benötigt für 100 m eine Flugzeit von circa 0,15 Sekunden. Würde

Bewegendes Ziel damit ein sich quer zur Schußrichtung bewegendes Ziel beschossen, muß um so viel »vorgehalten« werden, als sich das Ziel in dieser Zeit fortbewegt. Für ein Stück Wild, das mit etwa 10 km/h (circa 2,8 m/s) trollt, errechnen sich dafür theoretisch 42 cm. Nachdem aber die Reaktionszeit des Schützen, die Schloß- und Schußentwicklungszeit dazugezählt werden müssen, dürften 50 cm anzusetzen sein. Da aber weder die Fluchtgeschwindigkeit, noch die Schußentfernung exakt bekannt sind, ist diese Kalkulation mit einem so großen Unsicherheitsfaktor belastet, daß Schüsse auf flüchtiges Wild auf große Schußweiten besser zu unterlassen sind.

Seitenwind Zu den Umwelteinflüssen zählt insbesondere der Seitenwind, der in seiner Auswirkung auf die Geschoßflugbahn häufig unterschätzt wird. Geschoße mit geringer V_0 oder »leichte Flitzer« auf große Schußweiten, sind davon gleichermaßen betroffen. Während zum Beispiel die Entfernungsschätzung noch halbwegs in den Griff zu bekommen ist, fehlen bei der Bestimmung der jeweiligen Windstärke nicht selten brauchbare Anhaltspunkte. Dazu kommt, daß am Ort des Jägers Windstille und wenige Meter entfernt Sturmstärke herrschen kann. Als mittlerer Wind kann 20 km/h angesetzt werden. Empfindungsmäßig der Gegenwind beim flotten Radfahren. Umgerechnet wären dies 5,6 m/s. Nimmt man eine schnelle »Gamspatrone«, wie die 6,5x57 mit 6 g-Geschoß, benötigt diese für 250 m etwa 0,3 s, woraus sich eine Abdrift von 17 cm ergibt. Addiert zur jagdlich ohnehin größeren Streuung ergeben sich Abweichungen von 25 an und mehr.

Steiler Schußwinkel Wirkt aufgrund eines steilen Schußwinkels die Erdanziehung proportional geringer auf ein Geschoß ein, wird seine Flugbahn auf größere Schußweiten gestreckter, was bezogen auf die TPL eines waagerechten Schusses, Hochschuß ergibt. Dies gilt jedoch nur für Entfernungen um 200 m. Bei extrem nahen Steilschüssen, wie zum Beispiel von hohen Kanzeln, ist dagegen die unter der

Visierlinie verlaufende Flugbahn zu berücksichtigen, was andernfalls zu Tiefschuß führt. Die Jägerweisheit »Bergunter halt drunter« hat hier keine Gültigkeit. Diese Hinweise wurden deshalb gegeben, weil für mitunter unerklärliche Trefferlagen keine plausible Ursache gefunden werden kann.

Zielballistik und Geschoßeinwirkung

Unter diesem Begriff werden die Vorgänge erfaßt, die mit der Wirkung von Geschoßen im Ziel, in unserem Fall im Wildkörper, zusammenhängen. Aufgrund der im obigen Abschnitt erklärten Abläufe, treffen Geschoße auf größere Entfernung mit entsprechend geringerer Geschwindigkeit auf ein Ziel (V_Z) auf. Dementsprechend ist auch die Auftreffwucht (E_Z) geringer als die Leistung einer Patrone an der Laufmündung. Die E_0 hat also nur zu Vergleichszwecken eine gewisse Bedeutung, jedoch nicht hinsichtlich der Energiereserve auf eine bestimmte Schußentfernung. Während sich die Werte für V_Z und E_Z rechnerisch als physikalische Größen ermitteln lassen, sind diese nur bedingt für den tatsächlichen Wirkungsgrad eines Kalibers, beziehungsweise Geschoßes, ausschlaggebend.

Wichtiger ist weit mehr, wie durch die Geschoßkonstruktion das Leistungspotential im Wildkörper als tötende Kraft umgesetzt wird. Diese setzt sich zusammen aus der direkten Zerstörung von Organen, Blutgefäßen und Gewebe unmittelbar durch das eindringende oder durchschlagende Geschoß und der sekundären Wirkung, die sich durch eine Verdrängung von Gewebeflüssigkeit auch auf vom Schußkanal entfernte Körperbereiche ausdehnt. Letztere Wirkung verstärkt sich durch eine Aufpilzung des Geschoßes, geringem Gewichtsverlust durch Absplitterungen, möglichst hohe Auftreffgeschwindigkeit und Durchschlag. Darüberhinaus sollte das Geschoß im Verhältnis zu seinem Querschnitt möglichst schwer sein (hohe QB), um schon von daher eine gute Tiefenwirkung sicherzustellen. Auf schweres Wild verschossene überleichte Geschoße, können schon

Tiefenwirkung

auf der Einschußseite ohne große Tiefenwirkung stecken bleiben, führen nur eine oberflächliche Verletzung herbei, die ohne tödlich zu wirken, zu Brand und schließlich zum Verludern führt. Unter Berücksichtigung der stark unterschiedlichen Wildarten, Körpergewichte und Vitalität unseres Schalenwildes leuchtet es ein, daß es weder ein Universalkaliber noch ein Universalgeschoß geben kann. Nachdem das Reviersystem jedoch die Möglichkeit der gleichzeitigen Bejagung mehrerer Schalenwildarten eröffnet, ist in jedem Fall von der jeweils stärkeren Art auszugehen. Zwangsläufige Folge ist, daß von einem auf starkes Rot- oder Schwarzwild konzipierten Geschoß auf das zarte Rehwild nicht die gleiche Wirkung erwartet werden kann. Die Wirkung kann auf schwache Stücke sowohl unzureichend sein, weil der schmale Körper das Geschoß nicht »ansprechen« läßt, als auch zu brutal, weil die größte Aufpilzung, und Energieabgabe im Moment des Durchschusses auf der Ausschußseite erfolgt.

Es gibt keine Universalkaliber und Universalgeschoße

Schießen und treffen

Waidgerechtigkeit

Die Waidgerechtigkeit gebietet es , daß wir bestrebt sein müssen, jedes Stück Wild durch einen sauber angetragenen Schuß so schmerzlos wie nur irgendmöglich zu erlegen. Wenngleich die Ausrüstung einen nicht unerheblichen Anteil daran hat, kommt dem Jäger eine nicht minder große Bedeutung zu.

Günstige Vorbedingungen schaffen

Im nachhinein den äußeren Umständen eine Schuld an einem schlechten Schuß zuzuschieben ist nur dann akzeptabel, wenn vorher alles getan wurde, um einen solchen möglichst auszuschließen. Nur in wenigen Fällen ist es unmöglich, günstige Vorbedingungen zum Schuß mit der Kugel zu schaffen. Um so mehr besteht die moralische Verpflichtung, dies wenigstens dann zu tun, wenn es sich ohne großen Aufwand machen läßt. Zumindest am Ansitz von Leitern, Schirmen und

Kanzeln aus, können die baulichen Voraussetzungen für den Kugelschuß geschaffen werden. Dazu gehört es, daß im Anschlag wenigstens der Ellbogen des Schießarms, besser noch beide Arme aufgelegt werden können. Die Gewehrauflage, auf der die Waffe mit dem Vorderschaft ruht, braucht nicht besonders gepolstert zu sein.

Keine wabbelige Auflage

Etwas härter ist sogar besser als zu wabbelig. In geschlossenen Kanzeln können aus Jackenärmeln gefertigte Sandsäcke gute Dienste für weite Schüsse leisten. Bei der Pirsch fehlen oftmals Möglichkeiten zum Anstreichen oder Auflagen. Solange der Bodenbewuchs nicht zu hoch ist, kann die Waffe auf dem Rucksack, dem aufgestellten Fernglas, oder besser mittels eines Zweibeines, im Liegendanschlag auf Augen- und Schulterhöhe gebracht werden. Im Wald können bei entsprechender Anschlagtechnik sogar dicke Bäume zum Anstreichen genutzt werden, wenn Rechtshänder zum Beispiel links am Stamm anlegen.

Anstreichen

Freihändige Schußabgabe

Freihändig sollte auf Wild nicht über 50 m geschossen werden. Schon bei aufgelegter oder angestrichener Waffe ist die TPL nicht immer die gewollte. Büchsen mit freiliegendem Lauf können nahezu am Vorderschaftende aufgelegt werden. Waffen mit anliegendem Schaft, wie Kipplauf- oder Blockverschlußgewehre sollten kurz vor dem Abzugsbügel aufliegen, um Prellschläge im Schuß auszuschließen. Generell gilt es, den jeweils bestmöglichen Anschlag zu wählen. Die wenigen Umstände, die hierfür erforderlich sind, stehen in keinem Verhältnis zu den Unannehmlichkeiten, Selbstvorwürfen, zeitlichen Opfern und finanziellen Verlusten eines vermeidbaren Schlumpschusses. Von den Qualen, unter denen ein angeschossenes Stück zu leiden hat, ganz abgesehen.

Kurzwaffen

200 Joule

Das Jagdgesetz legt für den Kurzwaffen-Fangschuß auf Schalenwild eine E_0 von 200 Joule fest, die allerdings gerade noch für Rehwild als ausreichend anzusehen ist. Wenn häufiger mit schwerem Wild zu rechnen ist, sollten Patronen verschossen werden, die wenigstens 300, besser noch 500 Joule, Mündungsenergie entwickeln.

Fangschuß Die Fangschüsse auf Schalenwild werden meist zwischen einem halben und etwa 5 m abgegeben. Wichtig ist es hierbei, daß die betreffende Waffe eine brauchbare Visierung besitzt, welche es erlaubt, die Energie des Geschoßes auch treffsicher ins Ziel zu bringen. Übungsmäßig läßt sich diese Fertigkeit simulieren, wenn auf 5 m ein Bierdeckel sicher getroffen wird und zwar mit jeder Kurzwaffe unabhängig vom Kaliber

Pistole oder Revolver Moderne Kurzwaffen weisen bauart-, bedienungs- und sicherheitsbezogen kaum noch Unterschiede aus. Der vermeintliche Vorteil des Revolvers, schon von außen her die aktuelle Situation erkennen zu lassen, minimiert sich dadurch, daß er sich nur über den Hahn unter Verwendung des Abzugs entspannen läßt, während sich die meisten Pistolen über einen Entspannhebel entspannen lassen, ohne in den Abzug greifen zu müssen. Hochleistungsrevolver mit engen Passungen, neigen zu Ladehemmungen, wenn Fremdkörper in den Trommelspalt oder die Patronenlager geraten, wodurch die Trommel blockiert wird. Revolver in »dicken« Kalibern tragen mehr auf als großkalibrige Pistolen. Die Patronenkapazität spielt jagdlich keine so große Rolle. Viel wichtiger ist dagegen, daß sich eine jagdlich eingesetzte

Single action und Double action Kurzwaffe wenigstens (wahlweise) »single action«, das heißt mit vorgespanntem Hahn, schießen läßt, wenn diese auf größere Entfernung eingesetzt wird. Sogenannte DAO-(double action only) Abzüge sind jagdlich ungeeignet, weil die Abzugsgewichte ähnlich hoch sind, wie beim Spannabzug von Revolvern.

Lauflänge Während großkalibrige Pistolen Lauflängen von 3 bis 4“ (10 cm) aufweisen, sind Großkaliberrevolver schon ab 2½“ (6,4 cm) zu haben. Wird aus sehr kurzen Läufen leistungsstarke Munition verschossen, erhöht sich Rückschlag und Knall. Auch die Visierlinie hängt von der Lauflänge ab. Der Leistungsverlust wird auf die geringen Fangschußentfernungen dagegen meist überschätzt.

Fangschuß-patronen

Soweit es Schalenwild betrifft, eignen sich Teilmantelgeschoße besser als Vollmantel- oder Massivgeschoße. Hohlspitzgeschoße wären noch sinnvoller, sind jedoch ohne stichhaltigen Grund verboten. Selbst auf nahe Entfernungen haben die meisten Kurzwaffenpatronen eine relativ geringe Auftreffgeschwindigkeit, die zum »Ansprechen«, das heißt Energieabgabe durch Aufpilzung, oft nicht ausreicht. Dies kann durch die Verwendung entsprechend stärkerer Kaliber zum Teil ausgeglichen werden. Es ist aber zu berücksichtigen, daß ein Faktor allein, etwa die V_0, nicht als Leistungsmaßstab geeignet ist. Vielmehr macht die Kombination aus Kaliber, Geschoßgewicht, Geschoßtyp und E_0, die Effektivität einer Patrone aus.

Fangschußgeber

Mittels Adapter und Reduzierhülsen können Rand- und Zentralfeuerpatronen aus Kurz- oder Langwaffen verschossen werden. Als Schalenwild-FSG eignen sich je nach Wildstärke die Kaliber .22 Winchester Magnum, .32 H&R Magnum oder .38 Spezial.
Für Büchsläufe lassen sich kalibergleiche Patronen mit kleinerer Hülse in drei Kalibergruppen verwenden:

.22 Magnum/.22 Hornet aus allen 5,7mm-Läufen,
 z.B. 5,6x50 R, 5,6x57 R, .223 Rem., 22-250 Rem., 224 Weath. Mag.
7,65 Brown./30 Carbine aus allen 30er-Läufen,
 z.B. .308 Win., .30-06, .30-30, .300 Win.Mag., .300 H&H Mag.
.32 H&R Magnum aus allen 8mm-Läufen,
 z.B. 8x57 J(R), 8x57 J/R)S, 8x75 RS, 8x68 S.

Die Schußleistung ist bis auf 20 m jagdlich nutzbar, wobei die Verwendung in Kipplaufwaffen einfacher ist als in Mehrladern.

Trageweise

Überraschender jagdlicher Einsatz ist eher selten. Aus

diesem Grunde kann der Jäger seine Kurzwaffen verdeckt tragen. Ob in einem Gürtel- oder Schulterholster ist Ansichtssache, kann aber vom jeweiligen Waffentyp abhängen. Wegen der jagdlichen Bekleidung sind »Cross Draw«-Holster, wo die Waffe überkreuz getragen und gezogen wird, praktischer als die seitengleiche Trageweise, wo Jacken oder Mäntel erst umständlich beiseite geräumt werden müssen, um an die Waffe zu kommen.

»Cross Draw«-Holster

Blanke oder kalte Waffen

Die moderne Bewaffnung und leistungsfähige Jagdmunition macht den Einsatz von Blankwaffen zum Abfangen oder Abnicken von Wild nahezu überflüssig. Zudem ist, falls die Jagdwaffe aus irgendeinem Grund nicht in Frage kommt, die Kurzwaffe dem Stahl vorzuziehen. Noch sehr reges Wild kann, wenn der Jäger »Hand anlegt«, nochmals hochwerden, wegflüchten oder sogar ernsthafte Verletzungen zufügen. Dessen ungeachtet kommt in besonderen Fällen dem Waidmesser in seinen verschiedenen Formen entsprechende Bedeutung zu.

Feststehende und klappbare Klinge

Unterschieden werden Messer mit feststehender und klappbarer Klinge. Letztere sind jagdlich nur zu empfehlen, wenn die Klinge absolut sicher gegen ungewolltes Zuschnappen zu arretieren ist. Die Schneiden- und Spitzenform kann für den jeweiligen Schwerpunkteinsatz differieren. Bei mehrteiligen Messern muß die Verletzungsgefahr durch jeweils nicht benutzte Teile ausgeschlossen sein.

Klingenlänge

Für Rehwild reichen Klingenlängen von 8 bis 10 cm aus, für anderes Schalenwild 15 cm. Bei der Versorgung starken Wildes kann eine Sägeklinge gute Dienste leisten, während Aufbrechklingen entbehrlich sind. Die Güte des Klingenstahls spielt hinsichtlich Schnitthaltigkeit, Nachschärfbarkeit und Rostsicherheit eine Rolle, ebenso das Material und die Form des Griffes. Der Verletzungsgefahr wegen, sollten feststehende Messer festsitzende stabile Scheiden haben.

Waffen, Munition, Optik

12 Regeln für den sicheren Umgang mit Schußwaffen:

1. Eine Waffe solange als geladen betrachten, bis man sich selbst vom Gegenteil überzeugt hat.
2. Eine Waffe nie in eine Richtung halten, in die nicht auch geschossen werden soll.
   Niemals die Mündung einer geschlossenen Waffe auf sich selbst oder andere Personen richten.
3. Die Waffe vor dem Laden, insbesondere die Läufe, auf Öl oder Fremdkörper untersuchen. Nur die für die Waffe vorgesehene Munition laden. Vorsicht bei Schrotpatronen und Flintenlaufgeschoßen.
4. Unter Einwirkung von Alkohol und/oder Medikamenten keine Waffe führen.
5. Vor jedem Schuß das Ziel ansprechen. Auf nicht sicher erkannte Ziele weder anschlagen, noch zielen oder schießen. Nicht mit angeschlagener Waffe durch Treiberwehr und Schützenlinie ziehen.
6. Auf freies Vorder- und Hintergelände sowie natürlichen Kugelfang achten. Die mögliche Höchstflugweite der Geschoße berücksichtigen. Nicht gegen den Horizont schießen. Bei glatten und harten Auftreffflächen mit Abprallern rechnen.
7. Die Waffe nur laden, wenn mit einer alsbaldigen Schußabgabe zu rechnen ist. Beim Gehen in schwierigem Gelände entladen oder unterladen.
8. Die Waffe erst im Anschlag entsichern, spannen oder einstechen.
9. Nach Schwinden der Schußgelegenheit die Waffe sofort sichern, beziehungsweise entspannen und entstechen.
10. Vor dem Überwinden von Hindernissen jeder Art, wenigsten die im Lauf befindliche Patrone entfernen und den Verschluß schließen. Vorsicht, daß beim Unterladen keine neue Patrone zugeführt wird.
11. Beim Entladen von Selbstladewaffen erst das Magazin und dann die im Lauf befindliche Patrone entfernen.
12. Unbeaufsichtigte Waffen stets vollständig entladen. Auch Schaftmagazine entleeren. Eventuell Schloß- oder Verschlußteile entfernen. Waffen vor unbefugtem Zugriff, insbesondere vor Kindern, sichern. Munition getrennt verwahrt halten.

Heinrich Weidinger

Know-how für die Jagdpraxis

BLV Jagdpraxis
Bruno Hespeler /
Bernd Krewer
Jung oder alt?
Für Ausbildung und Praxis – ein Muss für jeden Jäger: Rotwild, Damwild, Rehwild, Gamswild, Muffelwild und Schwarzwild richtig erkennen und beurteilen – mit über 160 Farbfotos.

BLV Pirsch Buch
Olgierd E. J. Graf Kujawski
Wildbrethygiene – Fleischuntersuchung
Gesetzesbestimmungen, Versorgen der Wildarten, Wildkrankheiten, Wildbretgewinnung, Zurichtung von Trophäen.

BLV Pirsch Buch
Bruno Hespeler
Rehwild heute
Zeitgemäße Denkmodelle – basierend auf wildbiologischen Erkenntnissen und bewährter Jagdpraxis – zu Lebensraum, Rehwildjagd und -hege; Alternativen zu den herkömmlichen Methoden der Bejagung.

BLV Jagdbuch
Wilfried Bützler
Rotwild
Die aktuelle Situation der Rotwildreviere sowie ihre Aufgaben für die Wildhege, den Schutz des Waldes und die Förderung seiner biologischen Vielfalt; alle Fragen der Hege- und Jagdpraxis.

BLV Jagdpraxis
Bruno Hespeler
Vor und nach dem Schuss
Kaliber, Abkommen, Schusszeichen, Nachsuche beim Schalenwild: fundiertes Kompaktwissen rund um die Jagd auf Schalenwild – leicht verständlich und praxisgerecht mit vielen Abbildungen.

Werner Reb
Jagdwaffen-Praxis
Pflichtlektüre für jeden Waidmann: waffentechnisches Wissen für die Jagdpraxis im Revier und für die Auslandsjagd; nach neuestem Stand der Technik: Jagdwaffen, Munition und optische Geräte.

Im BLV Verlag finden Sie Bücher zu den Themen: Garten und Zimmerpflanzen • Natur • Heimtiere • Jagd und Angeln • Pferde und Reiten • Sport und Fitness • Wandern und Alpinismus • Essen und Trinken

Ausführliche Informationen erhalten Sie bei:

BLV Verlagsgesellschaft mbH • Postfach 40 03 20 • 80703 München
Tel. 089 / 12705-0 • Fax 089 / 12705-543 • http://www.blv.de